Herb Kraus

Musiktheorie

Für Anfänger und Fortgeschrittene

Die in diesem Buch enthaltenen Originallieder, Textunterlegungen, Fassungen und Übertragungen sind urheberrechtlich geschützt. Nachdruck nur mit ausdrücklicher Genehmigung der Verfügungsberechtigten.

Alle Rechte vorbehalten.

Satz und Layout und Covergestaltung: B & O

© 2012 VOGGENREITER VERLAG OHG
Viktoriastraße 25, D-53173 Bonn
www.voggenreiter.de
Telefon: 0228.93 575-0

Sonderausgabe 2014

ISBN: 978-3-8024-0161-9

Vorwort

Herzlich willkommen und vielen Dank für den Kauf von *Musiktheorie*.

In diesem Buch erfährst du alles über die Grundlagen der Musiktheorie:
Die Notenschrift, der Aufbau der Tonleitern und der Akkorde, wichtige Akkordverbindungen (Kadenzen), die speziellen Tonleitern des Blues mit den Blue Notes, Besonderheiten der Rhythmik und Phrasierungen in Rock und Jazz, Techniken zur Improvisation, die Funktionsbezeichnungen von Jazz und Klassik im direkten Vergleich, die Erklärungen zu den Vortragszeichen und vieles mehr werden im *Großen Buch der Musiktheorie* Schritt für Schritt behandelt.

Doch es soll nicht nur bei der trockenen Theorie bleiben: Zahlreiche Beispiele auf der beigefügten CD machen deutlich, wie die theoretischen Erkenntnisse ihre Anwendung finden.

Die jahrelange Erfahrung des Autors im Unterricht und bei Workshops ist mit in das Konzept dieses Buches eingeflossen. So wird der umfangreiche Inhalt dieses Buches verständlich und praxisbezogen vermittelt.

Musiktheorie ist ein Standardwerk für alle Musikschaffenden, denen auch am Hintergrund ihres Musizierens gelegen ist.

> Noch ein Hinweis zum Arbeiten mit der CD:
> Bei den Beispielen ist immer ein sogenannter *Vorzähl-Klick* zu hören. So kannst du dich besser auf das Klangbeispiel bzw. den Anfang eines Klangbeispiels konzentrieren.

Inhalt

Vorwort 3

1. Die Grundlagen der Notation 8

2. Die Namen der Noten 10

3. Die Schreibweise der Noten 12

4. Die Notenwerte 12

5. Takt und Taktart 13

6. Das Zählen der Notenwerte 14

7. Die Triolen 15

8. Das Zählen von Triolenwerten 15

9. Binäre und ternäre Phrasierung 17

10. Weitere Taktangaben 18

11. Die Tempoangabe 19

12. Die Pausen 20

13. Das Zählen der Noten- und Pausenwerte 20

14. Die Verlängerung von Noten oder Pausen 21

15. Die Notation extrem hoher oder tiefer Töne 23

16. Der Auftakt 24

17. Die Wiederholungszeichen 24

18. Die Tonschritte 27

19. Die Vorzeichen (Versetzungszeichen) 28

20. Die Tonnamen h und b 29

21. Alle Töne innerhalb einer Oktave 29

22. Chromatische Tonfolgen 30

23. Der Quintenzirkel 31

24. Zusammenfassung der Dur-Tonleitern 35

25. Die Intervalle (Tonabstände) 36

26. Die Akkorde 40

27. Die Haupt- und Nebenstufen der Akkorde 42

28. Die Umkehrungen 44

29. Kadenzen 46

30. Die klassische Kadenz 46

31. Schluss-Kadenzen 46

32. Die 1645-Kadenz 49

33. Die 1625-Kadenz (I-VI-II-V) 49

34. Die 2-5-1 Kadenz (II-V-I) 50

35. Kadenzen in Moll 51

36. Die klassische Moll-Kadenz 52

37. Die spanische Kadenz 52

38. Die Quartkadenz 53

39. Weitere Kadenzmodelle 54

40. Kadenz mit Zwischendominante 54

41. Kadenz mit Subdominant-Reihung 55

42. Die Vierklänge 55

43. Diatonische Septakkorde 56

45. Der sus4-Akkord 57

46. Der sus2-Akkord und der add9-Akkord 58

47. Die Akkorderweiterungen 9, 11 und 13 58

48. Die Symbolschrift 59

49. Die praktische Umsetzung der Symbolschrift 60

50. Der Bass-Orgelpunkt 61

51. Der verminderte Septakkord 61

52. Der übermäßige Septakkord 63

53. Das Ionische System 64

54. Die Skalentabelle 68

55. Die Bildung von Akkorden mit Hilfe der Skalentabelle 70

56. Die Skalen des Blues 79

57. Die 12-taktige Bluesform 80

58. Die pentatonische Moll-Tonleiter im Blues 82

59. Die 6-Ton-Bluesleiter 83

60. Die 7-Ton-Bluesleiter 84

61. Dur- und Moll-Pentatonik im Wechsel 84

62. Boogie-Woogie 85

63. Umfänge und Notation der Instrumente 86

64. Umfänge und Notation der Gesangsstimmen 96

65. Die Low Interval Limits 98

66. Voicings 101

67. Zweistimmige Voicings 102

68. Dreistimmige Voicings 105

69. Vierstimmige Voicings 107

70. Cluster 109

71. Terzverwandte Dreiklänge 110

72. Vertretungsakkorde 111

73. Der neapolitanische Sextakkord 117

74. Rückung und Modulation 119

75. Rückung musikalischer Abschnitte 120

76. Die Kurz-Modulation in der Popmusik 121

77. Die Modulation mit II-V-Ketten 123

78. Die II-V-Modulation von Dur nach Moll 124

79. Die II-V-Modulation von Moll nach Dur 124

80. Die Modulation mit Doppeldominante 125

81. Die diatonische Modulation 125

82. Die Modulation mit alteriertem Dominantsept-Akkord 126

83. Die Dominant-Ketten 129

85. Die Vortragszeichen 133

86. Die Abkürzungen der klassischen Funktionsbezeichnungen 154

Index 156

CD-Tracklist 160

1. Die Grundlagen der Notation

Um Musik in Schriftform festzuhalten, weiterzugeben oder musikalische Zusammenhänge zu erklären, gibt es die **Notation** bzw. die **Notenschrift**. Mit Hilfe der Notation lassen sich nicht nur die Töne eines Musikstückes darstellen, sondern auch Möglichkeiten der Interpretation, Tempi, Lautstärke, usw.

Noten werden in ein **Notensystem** notiert. Dieses Notensystem besteht aus fünf Linien. Die Noten werden auf oder zwischen diesen Linien notiert. Die Tonhöhe einer Note wird durch ihre Platzierung festgelegt. Je nach Tonhöhe hat eine Note, bzw. ein Ton seine Bezeichnung, z. B. „c".

Am Anfang eines Notensystems steht ein **Notenschlüssel**. Der Notenschlüssel legt fest, welcher Ton einer notierten Note zuzuordnen ist. Es ist also immer auch eine Frage des Notenschlüssels, wie eine Note heißt. Je höher oder tiefer eine Note im Notensystem notiert ist, desto höher oder tiefer ist auch ihr Ton. Der Notenschlüssel in den folgenden Beispielen ist der sogenannte **Violinschlüssel**.

> **Hinweis:** In den Beispielen, in denen es nur um die Lage bzw. die Namen der Noten geht, werden diese als „Ganze Noten" dargestellt (vgl. Kapitel 3, 4)

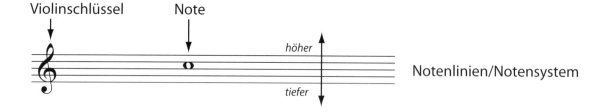

Noten, die für das Notensystem zu hoch oder zu tief liegen, werden mit **Hilfslinien** notiert.

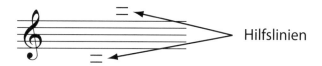

Der Violinschlüssel umschließt mit seinem Bogen in der Mitte die Notenlinie, auf der der Ton „g" liegt. Daher wird der Violinschlüssel auch als **G-Schlüssel** bezeichnet.

Der Violinschlüssel ist der gebräuchlichste Notenschlüssel, gefolgt vom *Bass-Schlüssel*. Wie die Bezeichnung schon vermuten lässt, findet der Bass-Schlüssel seine Verwendung bei Bass-Instrumenten oder Bass-Gesangsstimmen. Auch die linke Hand der Klaviernotation und die Notation von Schlaginstrumenten, wie z. B. Pauken oder Schlagzeug (Drums) werden im Bass-Schlüssel notiert. Der Bass-Schlüssel hat die Form eines Bogens mit zwei Punkten. Diese beiden Punkte liegen je oberhalb und unterhalb der Linie, auf der der Ton „f" notiert wird.

Daher heißt der Bass-Schlüssel auch *F-Schlüssel*.

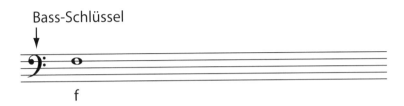

Die folgenden Notenschlüssel spielen in der Praxis eine eher untergeordnete Rolle. Ihnen allen gemeinsam ist, dass sie **den selben Ton c** markieren. Diese Schlüssel heißen daher auch *C-Schlüssel*. Sie gehören zur Familie der „Alten Schlüssel" und werden (bis auf die Notation der Bratsche im Altschlüssel) heute nur noch relativ selten eingesetzt.

Der *Sopranschlüssel* findet seine Verwendung bei der Notation der Sopran-Gesangstimme.

Der *Altschlüssel* findet seine Verwendung bei der Notation der Alt-Gesangsstimme, der Bratsche (Viola), Englisch Horn und der Altposaune. Der Altschlüssel wird auch als *Bratschenschlüssel* bezeichnet.

Der *Tenorschlüssel* findet seine Verwendung bei der Notation der Tenor-Gesangsstimme und bei hohen Lagen der Tenor-Posaune, des Fagotts und des Cellos.

Heute werden Gesangsstimmen in der Regel im Violin- und im Bass-Schlüssel notiert.

2. Die Namen der Noten

Noten werden mit den Buchstaben des Alphabets benannt, und zwar von a bis g. Im deutschen Sprachraum gibt es allerdings eine Besonderheit. Hier folgt auf a nicht b, sondern h, also nicht:
a, **b**, c, d, e, f, g, sondern
a, **h**, c, d, e, f, g.

Dies beruht auf einer undeutlichen Schreibweise eines Mönches im Mittelalter. Seine Schüler und andere Mönche haben dann dieses h „brav" übernommen und so war h als zweiter Ton im Notenalphabet integriert.

Im internationalen (englischen) Sprachgebrauch lautet die Tonfolge a, **b**, c, d, e, f, g. Das wäre alles noch recht einfach auseinander zu halten, doch auch im deutschen Sprachgebrauch gibt es den Ton b. Es ist der durch ein Vorzeichen erniedrigte Ton h (vgl. Kapitel 14,15).

Die Töne von a aufwärts bis g liegen auf weißen Tasten am Klavier. Da es sich um die Ausgangsbezeichnungen für alle weiteren möglichen Tonbezeichnungen handelt, heißen diese Töne auch *Stammtöne*. Die folgende Tastatur zeigt, dass Töne mit gleichem Namen in regelmäßiger Reihenfolge wiederkehren. Der Tonabstand von einem Ton bis zum nächsten Ton gleichen Namens heißt *Oktave* (vgl. Kapitel 25).

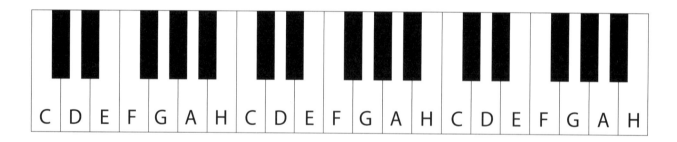

Zur Bezeichnung der absoluten *Tonhöhe* werden die Töne mit einem Groß- oder Kleinbuchstaben und einer Hochzahl bzw. Hochstrichen benannt.

Die Töne von unten nach oben erscheinen
von **C**^{2} (Subkontra-C) bis **H**^{2} (Subkontra-H) in der Subkontra-Oktave,
von **C**^{1} (Kontra-C) bis **H**^{1} (Kontra-H) in der Kontra-Oktave,
von **C** (Großes C) bis **H** (Großes H) in der Großen Oktave,
von **c** (Kleines C) bis **h** (Kleines H) in der Kleinen Oktave,
von **c**^{1} (Eingestrichenes C) bis **h**^{1} (Eingestrichenes H) in der Eingestrichenen Oktave,
von **c**^{2} (Zweigestrichenes C) bis **h**^{2} (Zweigestrichenes H) in der Zweigestrichenen Oktave,
von **c**^{3} (Dreigestrichenes C) bis **h**^{3} (Dreigestrichenes H) in der Dreigestrichenen Oktave,
von **c**^{4} (Viergestrichenes C) bis **h**^{4} (Viergestrichenes H) in der Viergestrichenen Oktave,
von **c**^{5} (Fünfgestrichenes C) bis **h**^{5} (Fünfgestrichenes H) in der Fünfgestrichenen Oktave.
(Der Tonumfang eines Klaviers reicht beispielsweise von A^2 bis c^5.)

In der Mitte des Notensystems sehen wir in Beispiel 1 das eingestrichene c einmal im Bass-Schlüssel und einmal im Violinschlüssel dargestellt; c¹ befindet sich beim Klavier in der Mitte der Tastatur. Da sich an dieser Stelle oft der Schlüssel zum Abschließen des Klavierdeckels befindet, bezeichnet man c¹ auch als Schlüssel-C. Die hochgestrichenen Töne können sowohl mit Zahlen als auch mit Strichen (z.B. c² oder c") dargestellt werden.

Beispiel 1

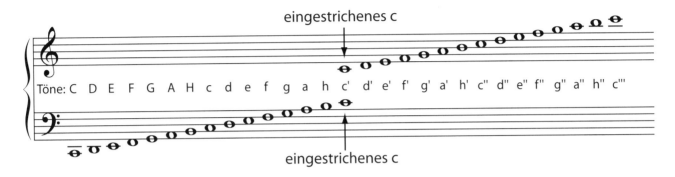

Aus Platzgründen sind im folgenden Beispiel nur die mittleren vier Oktavlagen dargestellt. Die anderen Oktavlagen werden entsprechend nach oben oder unten weitergeführt.

Die Oktavlagen

Beispiel 2

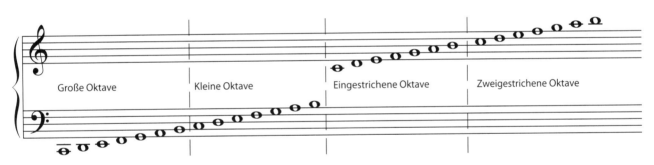

3. Die Schreibweise der Noten

Eine Note besteht aus einem *Notenkopf* und je nach Notenwert kommen noch ein *Notenhals* und ein oder mehrere *Fähnchen* bzw. *Balken* hinzu. Ganze und Halbe Noten haben einen hohlen Notenkopf. Alle anderen Noten haben einen ausgefüllten Notenkopf.

Die Notenhälse werden bei einer Note bis zur mittleren Notenlinie nach oben, und ab einschließlich der mittleren Notenlinie nach unten gerichtet.

4. Die Notenwerte

Jede Note bzw. jeder Ton hat einen bestimmten Wert.
Dieser Wert bestimmt seine Länge bzw. seine Dauer.

5. Takt und Taktart

Die senkrechten Striche im Notensystem sind die *Taktstriche*. Sie trennen die einzelnen Takte voneinander. Ein doppelter Taktstrich bezeichnet einen musikalischen Abschnitt. Ein doppelter Taktstrich mit einer dickeren rechten Linie bezeichnet das Ende eines Stückes. Hinter dem Notenschlüssel steht die *Taktangabe*. Sie sagt uns, wie viele Noten in einem Takt Platz haben.

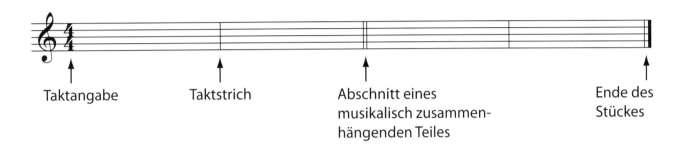

| Taktangabe | Taktstrich | Abschnitt eines musikalisch zusammen-hängenden Teiles | Ende des Stückes |

Anstelle des 4/4-Zeichens steht auch oft ein C.

bedeutet das Gleiche wie

6. Das Zählen der Notenwerte

Beispiel: Bei der *Taktangabe* 4/4 passen 4 Viertelnoten in einen Takt oder so viele Noten, wie sie einzeln oder als Gruppe einer Länge (Dauer) von 4 Viertelnoten entsprechen. In einen 4/4-Takt passen also je eine Ganze Note, zwei Halbe Noten, vier Viertelnoten usw. Zur besseren Übersicht werden bei mehreren Achtel-, Sechzehntel- und weiteren „Fähnchen-Noten" diese mit sogenannten **Balken** zu Notengruppen zusammengefasst.

Bei den Achtelnoten zählt man zwischen den Hauptzählzeiten (1, 2, 3, 4) die zusätzlichen Achtelnoten mit „und" („+"). Sechzehntelnoten bekommen noch die Zählerweiterung „e", z. B. 1 e + e (sprich: ei-ne-un-de).

Noch kleinere Notenwerte sind praktisch nicht mehr zählbar. Im Folgenden sind daher auch nur die Notenwerte bis zu den Sechzehntelnoten angegeben.

1.1

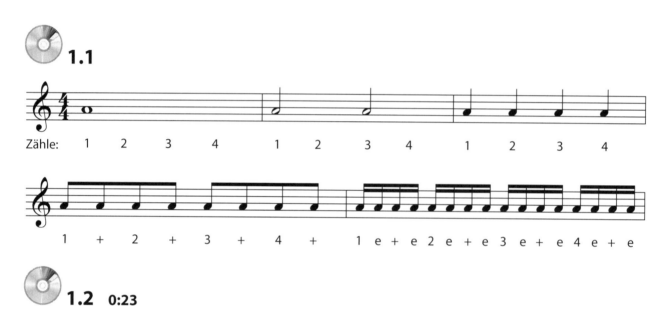

1.2 0:23

Beispiel für das Zählen unterschiedlicher Notenwerte im 4/4-Takt:

7. Die Triolen

Eine *Triole* ist eine Gruppe von drei aufeinander folgenden gleichlangen Noten, die an Stelle von zwei Noten des selben Wertes notiert werden.
Zur Kennzeichnung wird über die Dreiergruppe der Triole die Ziffer 3 notiert.

Beispiel 1:
Die *Vierteltriole* mit drei Viertelnoten ist genauso lang wie zwei normale Viertelnoten.

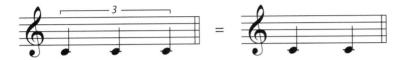

Beispiel 2:
Die *Achteltriole* hat drei Achtelnoten und ist genauso lang wie zwei normale Achtelnoten.

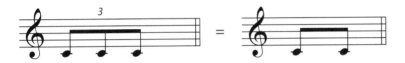

Triolen können auch Pausen enthalten, z. B.:

8. Das Zählen von Triolenwerten

Achteltriolen lassen sich recht einfach zählen, denn 3 Triolenachtel haben die Länge einer Viertelnote. Der Begriff „+" (und) ist allerdings schon den normalen Achtelnoten vorbehalten, daher muss für die Triolenachtel, die nicht auf der Hauptzählzeit stehen, ein neuer Begriff verwendet werden. Die Bezeichnungen „to" und „ko" lassen sich gut aussprechen und stehen je für das 2. und das 3. Triolenachtel nach der Hauptzählzeit.

Beispiel:

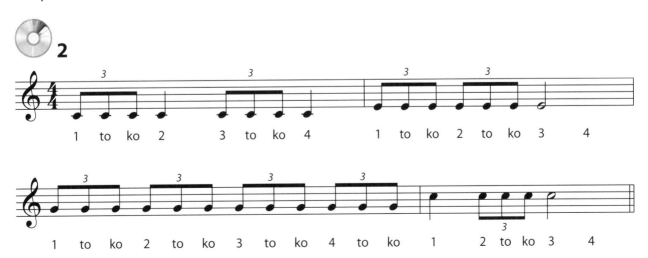

15

Für Vierteltriolen gibt es keine Begriffe, die ein Zählen möglich machten. Eine Vierteltriole hat, wie bereits erwähnt, die Länge von zwei normalen Viertelnoten, also auch die Länge einer Halben Note. Beim Spielen von Vierteltriolen ist es daher hilfreich, vom Viertelmetrum (1, 2, 3, 4) auf ein Halbe-Note-Metrum zu wechseln.

Im folgenden Beispiel zeigt das obere Notensystem die zu spielenden Noten und das untere Notensystem das Zähl-Metrum.

 3.1

Zu spielende Noten

Metrum

Bei den *Halben Triolen* gibt es ebenfalls keine Möglichkeit des Zählens. Die Halbe Triole hat die Länge von zwei normalen Halben Noten, bzw. einer Ganzen Note. Der Musiker muss nach seinem rhythmischen Empfinden drei Triolen-Halbe in einem 4/4-Takt gleichmäßig verteilen.

Das Beispiel zeigt das Verhältnis von Viertelnoten, Halben Noten, Halben Triolen und Ganzen Noten im 4/4-Takt.

3.2 0:17

Die Sechzehnteltriolen sind zwar ebenfalls praktisch nicht zählbar, lassen sich aber wegen der Unterteilbarkeit in ein Achtel- oder Viertelnoten-Metrum relativ einfach spielen.

16

9. Binäre und ternäre Phrasierung

Achtelnoten können rhythmisch *binär* oder *ternär* phrasiert werden. Bei der *binären Phrasierung* werden alle Achtelnoten gleich lang, also im genau gleichen Abstand gespielt. Bei der ternären Prasierung werden die Achtelnoten, die auf der Hauptzählzeit stehen (1, 2, 3, 4) so lang wie zwei aneinander gebundene Triolenachtel ausgehalten. Die Achtelnoten auf den „+"-Zählzeiten fallen auf die Position des 3. Triolenachtels.

Ternär phrasierte Achtelnoten

klingen wie

Die Linien und Punkte über dem folgenden Notenbeispiel verdeutlichen die Längen der ternär phrasierten Achtelnoten:

Bei Sechzehntelnoten ist die ternäre Phrasierung im Zusammenhang mit punktierten Viertelnoten und anschließender Sechzehntelnote von Bedeutung. Hier ist die punktierte Viertelnote ebenfalls so lang wie zwei Triolenachtel. Die anschließende Sechzehntelnote wird als 3. Triolenachtel gespielt.

Ternär phrasierte punktierte Viertelnoten mit anschließender Sechzehntelnote

klingen wie

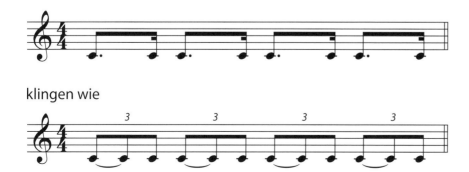

10. Weitere Taktangaben

1. Im *3/4-Takt* passen in jeden Takt so viele Noten, wie sie einzeln oder als Gruppe einer Länge von 3 Viertelnoten entsprechen. Das Zähl-Metrum sind Viertelnoten (1, 2, 3) mit einer Betonung auf der Zählzeit 1.

 5.1

Zähle: 1 2 3   1 2 3 +   1 2 3   1 2 + 3

2. Im *6/8-Takt* passen in jeden Takt so viele Noten, wie Sie einzeln oder als Gruppe einer Länge von 6 Achtelnoten entsprechen. Das Zählmetrum sind Achtelnoten (1, 2, 3, 4, 5, 6) mit Betonungen auf den Zählzeiten 1 und 4.

 5.2   0:13

Zähle: 1 2 3 4 5 6   1 2 3 4 5 6   1 2 3 4 5 6   1 2 3 4 5 6

3. Bei der sogenannten *Alla breve*-Taktangabe wird der 4/4-Takt doppelt so schnell gespielt wie notiert. Das Zählmetrum sind Halbe Noten. Man zählt pro Takt nicht mehr 1, 2, 3, 4, sondern nur für jede halbe Note eine Zählzeit, also 1, 2 in einem Takt. Diese Art der Notation findet man häufig bei Samba-, Marsch- und Polka-Musik. Gekennzeichnet wird der Alla-breve-Rhythmus durch ein *senkrecht durchgestrichenes C* am Anfang des Notensystems.

Zähle: 1 2   1 2   1 2   1 2 +   1 2

11. Die Tempoangabe

Die Tempoangabe bestimmt, wie schnell ein Stück gespielt werden soll.
Es gibt grundsätzlich zwei unterschiedliche Arten der Tempoangabe.

1. Die Bpm-Angabe

Bei der Bpm-Angabe (engl.: Beats per minute) wird angegeben, wie viele Schläge pro Minute dem Metrum zu Grunde liegen. In der Regel liegen der Bpm-Tempoangabe Viertelnoten zu Grunde.

Beispiel: Bei der Tempoangabe Bpm ♩ = 120 kann dies am Metronom (Gerät zur Tempoangabe) eingestellt werden und man hat exakt das Tempo, in dem das Stück gespielt werden soll.

An Stelle von „Bpm" kann auch die Bezeichnung „M.M." stehen.
M.M. bedeutet Mälzelsches Metronom. (Johann Mälzel lebte von 1772 bis 1838 und konstruierte das Metronom 1815 auf Anregung des Komponisten Ludwig van Beethoven.)

2. Die klassische Tempoangabe

Bei der klassischen Tempoangabe werden Begriffe aus dem Italienischen verwendet. Das Tempo wird dabei nicht so genau wie bei der Bpm-Angabe vorgegeben, sondern ein Stück kann je nach Interpretation etwas schneller oder langsamer gespielt werden.

Klassische Bezeichnung	Bpm
Largo	40-60
Larghetto	60-66
Adagio	66-76
Andante	76-108
Moderato	108-120
Allegro	120-168
Presto	168-200
Prestissimo	200-220

12. Die Pausen

Für jeden Notenwert gibt es die entsprechende *Pause*. Pausen werden wie Noten entsprechend ihres Wertes gezählt.

Nachfolgende Tabelle zeigt eine Gegenüberstellung der Notenwerte mit den entsprechenden Pausen:

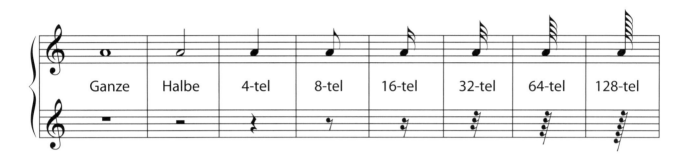

13. Das Zählen der Noten- und Pausenwerte

Das folgende Beispiel steht im 4/4-Takt. In jedem Takt stehen daher entsprechend viele Noten und Pausen mit einem Gesamtwert von 4 Viertelnoten.

14. Die Verlängerung von Noten oder Pausen

Zur Verlängerung einer Note oder einer Pause um einen **bestimmten** Wert gibt es zwei Möglichkeiten.

1. Verlängerung durch Punktierung

Ein Punkt hinter einer Note oder Pause verlängert diese um die Hälfte ihres Wertes.

Beispiel 1: Ein Punkt hinter einer Halben Note verlängert diese um den Wert einer Viertelnote. Die punktierte Halbe Note hat die Länge von einer Halben und einer Viertelnote (= drei Viertelnoten).

Beispiel 2: Ein Punkt hinter einer Viertelnote verlängert diese um den Wert einer Achtelnote. Die punktierte Viertelnote hat die Länge von drei Achtelnoten.

Beispiel 3: Ein Punkt hinter einer Viertelpause verlängert diese um den Wert einer Achtelpause. Die punktierte Viertelpause hat die Länge von drei Achtelpausen.

Beispiel für das Zählen punktierter Noten- und Pausenwerte:

Spezielle Punktierungen:

Bei weiteren Punkten hinter einer Note oder Pause verlängert sich diese folgendermaßen: Der zweite Punkt hinter einer Note verlängert diese dann zusätzlich um ihren Viertelwert, der dritte Punkt verlängert um den Achtelwert, usw.
Beispiel: Eine Halbe Note mit zwei Punkten verlängert diese mit dem ersten Punkt um eine Viertelnote und mit dem zweiten Punkt um eine Achtelnote.

2. Verlängerung durch einen Haltebogen

Bei der Verlängerung einer Note durch einen Haltebogen wird eine Note mit der gleichen Tonhöhe wie die Ursprungsnote an diese angebunden. Die angebundene Note wird nicht neu angeschlagen, sondern die davor liegende Note klingt um den Wert der angebundenen Note weiter. Bei der Verlängerung mit Haltebogen kann eine Note zum einen beliebig und zum anderen auch über den Taktstrich hinaus verlängert werden.

8.1

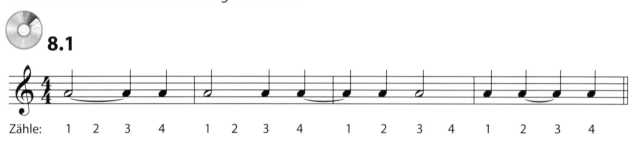

Wenn eine Note über die Takthälfte hinaus verlängert werden soll, geschieht dies in der Regel mit einem Haltebogen und nicht mit einem Punkt. Auf diese Weise wird der Takt in genau zwei (Lese-) Hälften aufgeteilt.

8.2 0:20

3. Die Verlängerung einer Note durch eine Fermate

Die Fermate verlängert eine Note oder Pause um einen unbestimmten Wert. Ihre Dauer bestimmt der ausübende Musiker selbst bzw. bei einem Orchester der Dirigent. Sie dient auch als Zeichen zum Innehalten in einer eigentlich fließenden Melodiepassage, um so einem Ton eine intensivere Bedeutung zu geben.

8.3 0:41

15. Die Notation extrem hoher oder tiefer Töne

Bei der Notation extrem hoher oder tiefer Töne wird das Lesen der Noten durch die Vielzahl der benötigten Hilfslinien schwierig. Um dies zu vermeiden, gibt es verschiedene Möglichkeiten. Durch entsprechende Angaben im Notensystem klingen die Töne um eine Oktave höher bzw. tiefer als notiert.

1. Soll ein **ganzes Stück** um eine **Oktave höher** klingen als notiert, wird beim Notenschlüssel oben die Ziffer 8 angefügt.

2. Soll ein **ganzes Stück** um eine **Oktave tiefer** klingen als notiert, wird beim Notenschlüssel unten die Ziffer 8 angefügt.

3. Soll nur **ein Teilbereich** von Noten um eine **Oktave höher** klingen, wird die Bezeichnung *8va* über das Notensystem notiert. Der Abschnitt der höher klingenden Noten wird durch eine gestrichelte Linie markiert. (Das Kürzel 8va stammt aus dem Italienischen und bedeutet *ottava alta* = Oktave höher.)

4. Soll nur **ein Teilbereich** von Noten eine **Oktave tiefer** klingen, wird die Bezeichnung *8vb* unter das Notensystem notiert. Der Abschnitt der tiefer klingenden Noten wird durch eine gestrichelte Linie markiert. (Das Kürzel 8vb stammt aus dem Italienischen und bedeutet *ottava bassa* = Oktave tiefer.)

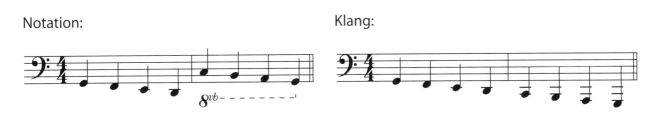

Soll ein Teilbereich von Noten zwei Oktaven höher oder tiefer klingen, wird die Bezeichnung *15ma* (ital.: *quindicesima alta*) bzw. *15mb* (ital.: *quindicesima bassa*) über bzw. unter das Notensystem gestellt. Der Abschnitt der Noten wird ebenfalls durch eine gestrichelte Linie markiert. Die 15 ergibt sich aus den fünfzehn Tonschritten, die zwei Oktaven bilden (Ausgangston + 14 Tonschritte). Tonschritt: Siehe Kapitel 18.

16. Der Auftakt

Den Beginn eines Stückes vor dem ersten Volltakt nennt man **Auftakt** oder **unvollständiger Takt**. Auftakt und Schlusstakt ergänzen sich wieder zu einem Volltakt.

17. Die Wiederholungszeichen

Ein Doppelpunkt gefolgt von einem dünnen und einem dickeren Strich ist ein **Wiederholungszeichen**.

a) Ist kein Wiederholungszeichen für den Beginn der Wiederholung angegeben, so beginnt die Wiederholung am Anfang des Stückes.

b) Soll nur ein Abschnitt wiederholt werden, steht am Anfang des zu wiederholenden Abschnittes ebenfalls ein Wiederholungszeichen.

a) Die Wiederholung beginnt am Anfang des Stückes: (Aus Gründen der Übersichtlichkeit sind keine Noten im Notensystem notiert.)

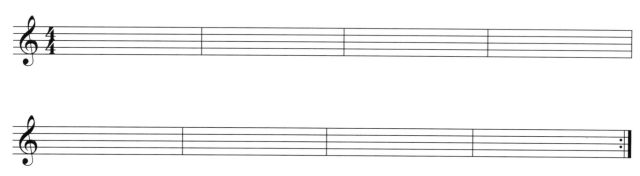

b) Es werden nur die Takte zwischen den Wiederholungszeichen wiederholt:

c) Soll nur ein Takt wiederholt werden, kann dies mit einem „Faulenzer"-Wiederholungszeichen notiert werden.

notiert:

bedeutet:

d) Sollen zwei aufeinanderfolgende Takte wiederholt werden, kann dies mit einem „Doppeltakt-Faulenzer"-Wiederholungszeichen notiert werden.

notiert:

bedeutet:

e) Sollen größere Abschnitte wiederholt werden, kann dies mit einem sogenannten *Segno* (ital.: Zeichen) notiert werden.

Es gibt zwei verschiedene Segno-Zeichen: 𝄋 und §.

In der Notation wird der Sprung zurück zu einem Segno-Zeichen mit der Abkürzung *D.S.* (*Dal Segno*) angegeben.

𝄋 steht **über** dem Notensystem:

§ steht **im** Notensystem:

Soll die Wiederholung ab Segno bis zum Ende bzw. bis zu einer Stelle im Stück gespielt werden, mit der das Stück endet, wird die Bezeichnung *al fine* (bis zum Ende) angegeben.

Soll die Wiederholung ab Segno bis zu einer bestimmten Stelle gehen und dann an einer anderen Stelle weiter gespielt werden, wird dies mit den sogenannten *Coda (Kopf)-Zeichen* ⊕ dargestellt. Das Stück wird dann ab Segno bis zur ersten Kopf-Stelle gespielt und an der zweiten Kopf-Stelle weitergeführt.

Beispiel:

Das Stück beginnt von vorne bis „D.S. al Coda". Dann folgt die Wiederholung vom Segno-Zeichen bis zum 1. Kopf. Weiter geht es mit der 2. Kopf-Stelle (Sprung Kopf-Kopf) bis zum Ende (Fine).

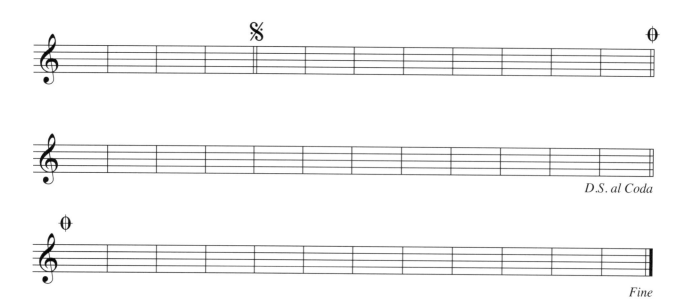

f) Wiederholungen und Klammern

Bei den Wiederholungen in Verbindung mit sogenannten **Klammern** werden beim ersten Durchgang die Noten in der ersten Klammer gespielt. Bei der Wiederholung werden dann die Noten in der ersten Klammer nicht mehr, sondern gleich die Noten in der zweiten Klammer gespielt.

18. Die Tonschritte

Beginnt man die Stammtonreihe mit dem Ton c und führt sie aufwärts bis zum nächsten c, so erhält man eine, auf dem Ton c aufgebaute Tonleiter.
Geht man von einem Ton zum nächstliegenden Ton, so ist dies ein Tonschritt. Beim Betrachten der Noten könnte man annehmen, dass jeder Ton denselben Abstand bis zum nächsten Ton hat.

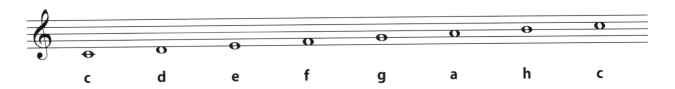

Dass dies aber nicht so ist, verdeutlicht nachfolgende Tabulatur.

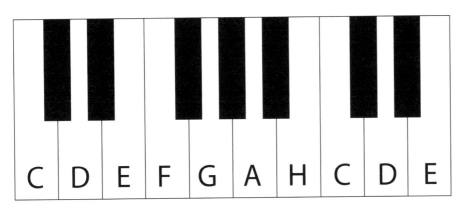

Die Tabulatur zeigt, dass zwischen dem Ton c und dem Ton d noch eine (schwarze) Taste liegt. Der Abstand von c nach d ist daher ein *Ganztonschritt*. Ebenso verhält es sich mit den Tonschritten von d nach e, von f nach g, von g nach a und von a nach h.

Von e nach f liegt keine Taste mehr dazwischen. Der Abstand von e nach f ist folglich ein *Halbtonschritt*. Ebenso verhält es sich mit dem Abstand von h nach c. Dies ist auch ein Halbtonschritt.

Die Halbtonschritte dieser Tonleiter liegen also zwischen dem 3. und 4. und dem 7. und 8. Ton. Diese Reihenfolge von Ganz- und Halbtonschritten ergibt die *Dur-Tonleiter*.

Bei der Dur-Tonleiter sind die Halbtonschritte vom 3. zum 4. und vom 7. zum 8. Ton.

Die Dur-Tonleiter besteht aus 7 aufeinanderfolgenden Tönen. Der 8. Ton ist wieder der 1. Ton der Tonleiter. Die meisten Tonleitern der abendländischen Kultur bestehen aus 7 Tönen mit 5 Ganzton- und 2 Halbtonschritten; auch die Moll-Tonleitern bestehen in der Regel aus 7 Tönen mit 5 Ganzton- und 2 Halbtonschritten. Die Ganz- und Halbtonschritte sind bei unterschiedlichem Leitertypus auch unterschiedlich aufgeteilt.

Eine aus 7 Tönen aufgebaute Tonleiter nennt man auch *heptatonische Tonleiter*. Den speziellen Wechsel von Ganz- und Halbtonschritten in einer hepatonischen Leiter nennt man *Diatonik*.

19. Die Vorzeichen (Versetzungszeichen)

Es gibt drei verschiedene Arten von Vorzeichen (Versetzungszeichen).

1. Die Kreuzvorzeichen (♯) **erhöhen** den Ton um einen Halbtonschritt.
   Die Notennamen erhalten die Endung „is".

2. Die B-Vorzeichen (♭) **erniedrigen** den Ton um einen Halbtonschritt.
   Die Notennamen erhalten die Endungen „es" oder „s", bzw. aus „h" wird „b".

3. Die Auflösungszeichen (♮) **heben** eine Erhöhung oder Erniedrigung wieder **auf**.

Eine Sonderform des Kreuz-Vorzeichens ist das Doppel-Kreuz (𝄪). Es erhöht einen Ton um zwei Halbtonschritte. In der Praxis wird oft der klingende Ton notiert, z. B. anstatt eines doppelt erhöhten f wird der Ton g notiert.

Eine Sonderform des B-Vorzeichens ist das Doppel-B (♭♭). Es erniedrigt einen Ton um zwei Halbtonschritte. In der Praxis wird oft der klingende Ton notiert, z. B. anstatt eines doppelt erniedrigten h wird der Ton a notiert.

Ein am Anfang eines Stückes notiertes Vorzeichen gilt für das gesamte Stück für alle gleichnamigen Noten, egal in welcher Lage sie notiert sind.

Ein vor eine Note gestelltes Versetzungszeichen gilt für alle folgenden gleichnamigen Noten in diesem Takt, egal in welcher Lage. Für die Noten ab dem nächsten Takt gilt es nicht mehr.

Beispiel:

Anmerkung zu obigem Beispiel: Die Note auf der Zählzeit 1 im dritten Takt heißt fis, weil das Vorzeichen am Anfang des Stückes seine Gültigkeit weiter behält.

20. Die Tonnamen h und b

Wie bereits in Kapitel 2 erwähnt, wird der Ton h im englischen Sprachgebrauch mit b bezeichnet. Der deutsche Tonname b heißt im Englischen b flat. Da die meiste Literatur in Pop, und Rock und Jazz aus dem englischsprachigen Raum kommt, sollte man auch bei Akkordsymbolen (vgl. Kapitel 42) immer daran denken.

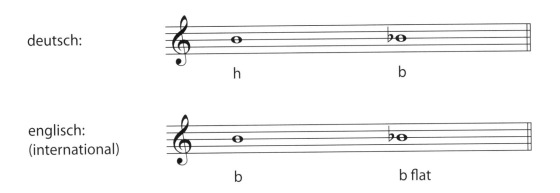

21. Alle Töne innerhalb einer Oktave

Die folgende Tastatur zeigt, dass dieselben schwarzen Tasten verschiedene Bezeichnungen haben, z. B.: Dis oder Es sind praktisch der gleiche Ton.

Der Unterschied ist, ob man von D ausgeht und den Ton erhöht oder ob man von E ausgeht und den Ton erniedrigt. Diese Doppelbezeichnung für denselben Ton nennt man *enharmonische Verwechslung*.

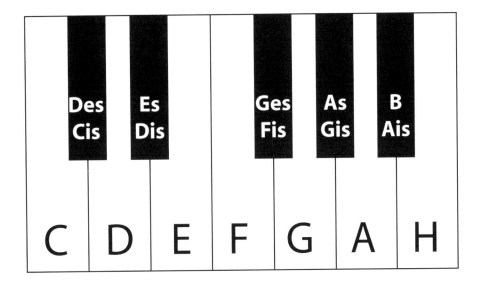

22. Chromatische Tonfolgen

Tonfolgen in Halbtonschritten nennt man auch *chromatische* Tonfolgen.
Bei chromatischen Tonfolgen in Aufwärtsbewegung werden die zu erhöhenden Töne in der Regel mit Kreuzvorzeichen erhöht.

Bei chromatischen Tonfolgen in Abwärtsbewegung werden die zu erniedrigenden Töne in der Regel mit B-Vorzeichen erniedrigt.

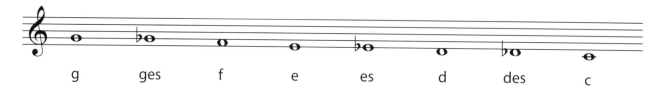

Die Folge aller 12 Töne innerhalb einer Oktave ergibt die *chromatische Tonleiter*.

23. Der Quintenzirkel

Mit Hilfe des Quintenzirkels lassen sich eine Reihe harmonischer Zusammenhänge darstellen, so auch die der Dur-Tonleitern.

Wir untersuchen zunächst einmal die Entstehung des Quintenzirkels.

Betrachtet man z.B. die C-Dur-Tonleiter von C bis zum nächsten C, so stellt man fest, dass diese Leiter in zwei gleiche Hälften zu je 4 Tönen geteilt werden kann, nämlich je zwei Ganztonschritte gefolgt von einem Halbtonschritt. Schon in der griechischen Antike nannte man diese Viertonreihen *Tetrachorde* (tetra = vier).

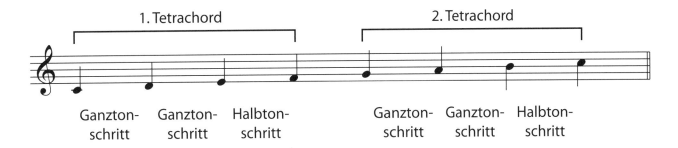

Der 2. Tetrachord beginnt auf der Quinte dieser Tonleiter. Da beide Tetrachorde die gleiche Struktur haben, ist es naheliegend, vom ersten Ton des 2. Tetrachordes eine neue Tonleiter zu bilden. Der 2. Tetrachord wird also nun zum neuen 1. Tetrachord und die Tonfolge wird nach oben hin schrittweise mit dem Tonmaterial der vorhandenen C-Dur-Tonleiter erweitert.

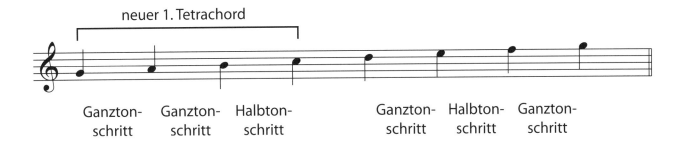

Die ersten vier Töne (1. Tetrachord) haben wieder die Struktur

Ganztonschritt - Ganztonschritt - Halbtonschritt.

Jedoch die folgenden Töne haben die Struktur

Ganztonschritt - Halbtonschritt - Ganztonschritt.

Um auch für die letzten vier Töne wieder die richtige Struktur zu erhalten, wird das f mit einem Kreuzvorzeichen zum fis erhöht.

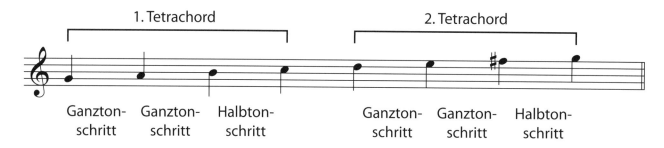

Auf diese Weise lassen sich jeweils auf dem Grundton des 2. Tetrachordes weitere Tonleitern bilden. Es wird also jedes Mal der 7. Ton der neuen Leiter mit einem Kreuzvorzeichen erhöht.
Führt man dieses Prinzip der Tonleiterbildung für alle 12 Tonarten durch, so ergibt sich für die letzten Tonarten eine sehr große Anzahl von Kreuzvorzeichen, die das Ganze doch sehr unübersichtlich erscheinen lassen.

Aus diesem Grund wird das Prinzip nun genau umgekehrt betrachtet, das heißt: Die ersten vier Töne der C-Dur-Tonleiter sollen nun als 2. Tetrachord der Tonleiter gedeutet werden.
Wir nehmen wieder das Tonmaterial der C-Dur-Tonleiter und setzen schrittweise vier Töne nach unten vor das c.

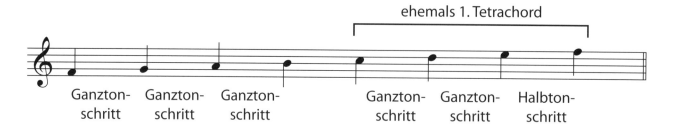

Nun besteht die erste Vierergruppe aus drei Ganztonschritten. Um wieder die Struktur der Dur-Leiter zu erhalten, wird der 4. Ton (H) durch ein B-Vorzeichen zum Ton b erniedrigt.
Jetzt ist die gewünschte Struktur wieder hergestellt.

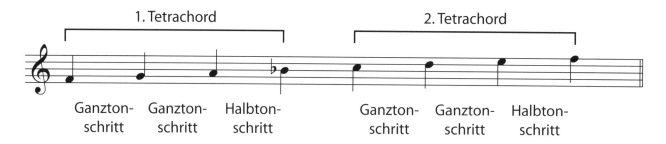

Durch die Erniedrigung des 4. Tones im ersten Tetrachord der Leiter ergeben sich so die Dur-Tonleitern der B-Tonarten.

Stellt man alle so entstandenen Tonarten grafisch zusammen, ergibt sich der sogenannte *Quintenzirkel*.

Der Quintenzirkel mit den Dur-Tonarten

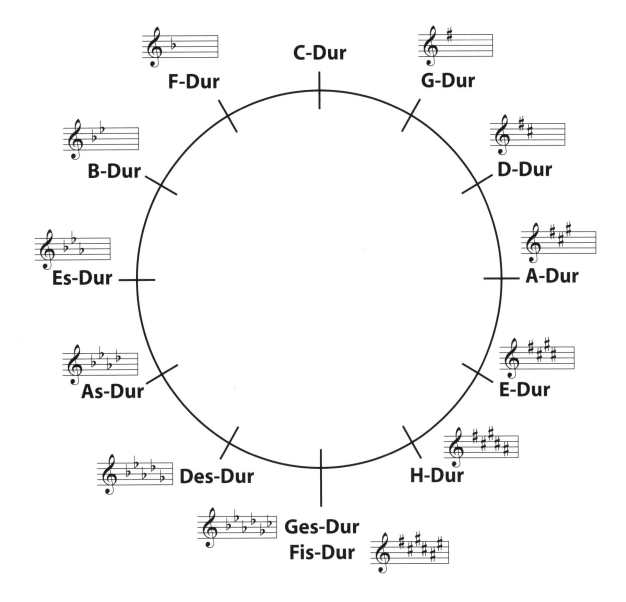

Der Quintenzirkel mit den Durtonarten und den parallelen Molltonarten

Parallele Molltonarten haben ihren Grundton eine kleine Terz unter dem der parallelen Durtonart und verwenden die gleichen Vorzeichen.

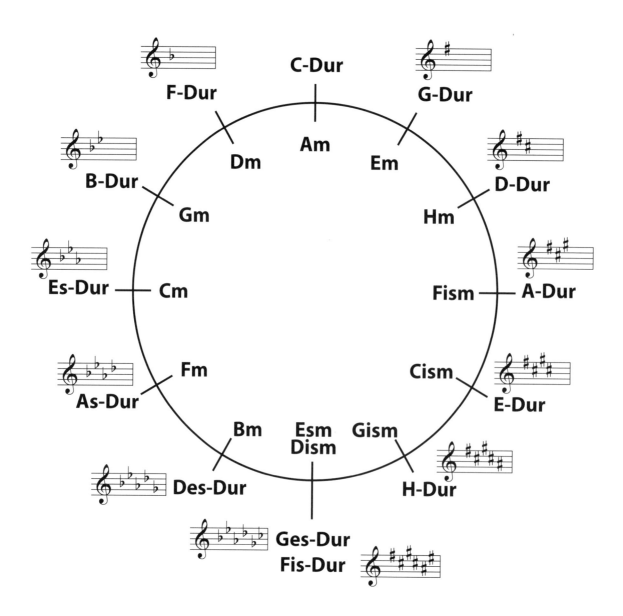

24. Zusammenfassung der Dur-Tonleitern

25. Die Intervalle (Tonabstände)

Den Abstand zwischen zwei Tönen bezeichnet man als *Intervall*.
Auch der Abstand „0" (z. B. von c bis zum selben c) ist ein Intervall.

Sexten:

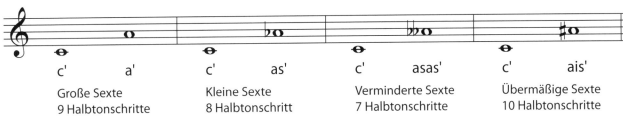

c' a'	c' as'	c' asas'	c' ais'
Große Sexte 9 Halbtonschritte	Kleine Sexte 8 Halbtonschritt	Verminderte Sexte 7 Halbtonschritte	Übermäßige Sexte 10 Halbtonschritte

Septen (auch Septimen genannt):

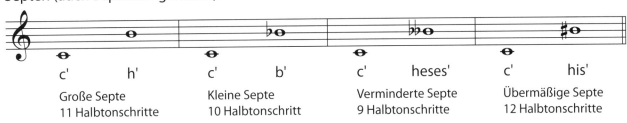

c' h'	c' b'	c' heses'	c' his'
Große Septe 11 Halbtonschritte	Kleine Septe 10 Halbtonschritt	Verminderte Septe 9 Halbtonschritte	Übermäßige Septe 12 Halbtonschritte

Oktaven:

c' c'	c ces''	c' cis''
Reine Oktave 12 Halbtonschritte	Verminderte Oktave 11 Halbtonschritte	Übermäßige Oktave 13 Halbtonschritte

Die Intervallnamen über den Oktavraum hinaus sind für die genauen Bezeichnungen der Akkordsymbole von Bedeutung.

Nonen:

c' d''	c' des''	c' dis''
Große None 14 Halbtonschritte	Kleine None 13 Halbtonschritte	Übermäßige None 15 Halbtonschritte

Dezimen: Undezimen:

c' e''	c' es''	c' f''	c' fis''
Große Dezime 16 Halbtonschritte	Kleine Dezime 15 Halbtonschritte	Reine Undezime 17 Halbtonschritte	Übermäßige Undezime 18 Halbtonschritte

Duodezimen: Tredezimen:

c' g''	c' ges''	c' a''	c' as''
Reine Duodezime 19 Halbtonschritte	Verminderte Duodezime 18 Halbtonschritte	Große Tredezime 21 Halbtonschritte	Kleine Tredezime 20 Halbtonschritte

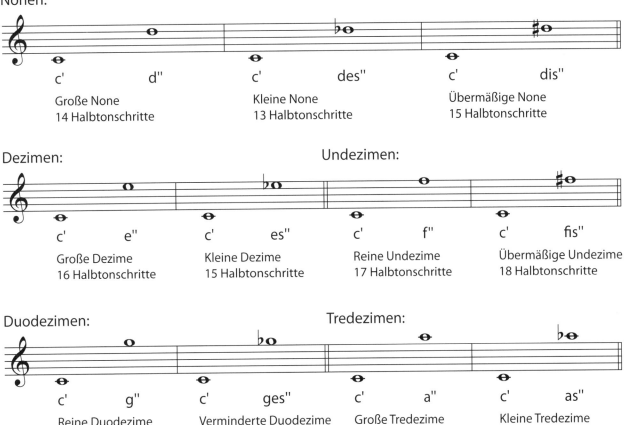

Intervallbeispiele:

Die Komplementärintervalle

Die **Komplementärintervalle** ergänzen sich gegenseitig zu einer reinen Oktave. Zur Erzeugung eines Komplementärintervalls wird der untere Ton eine Oktave höher notiert (*oktaviert*).

Beispiele:

Das Komplementärintervall zur reinen Prim ist die reine Oktave.

Das Komplementärintervall zur großen Sekunde ist die kleine Septe.

Das Komplementärintervall zur großen Terz ist die kleine Sexte.

Das Komplementärintervall zur reinen Quarte ist die reine Quinte.

Das Komplementärintervall zum Tritonus (übermäßige Quarte bzw. verminderte Quinte) ist der Tritonus (übermäßige Quarte bzw. verminderte Quinte).

Das Komplementärintervall zur großen Sexte ist die kleine Terz.

Das Komplementärinterval zur großen Septe ist die kleine Sekunde.

26. Die Akkorde

Wenn zwei oder mehr Töne gleichzeitig klingen, entsteht ein Akkord. In der klassischen Definition wird das Zusammenklingen von nur zwei Tönen zwar als Zweiklang und nicht als Akkord bezeichnet, doch wenn Zweiklänge eine akkordische Funktion darstellen, ist es durchaus legitim, auch hier von einem Akkord zu sprechen.

Akkorde werden durch das Übereinanderschichten von Terzen gebildet.
Schichtet man über einem Grundton eine Terz und legt darüber wieder eine Terz, so erhält man einen *Dreiklang* bzw. einen *dreistimmigen Akkord*.

Beispiel: Schichtet man über den Grundton c eine große Terz, so ergibt sich der Zweiklang c-e. Dieser Zweiklang hat nun schon die Aussagekraft, dass es sich hier um einen Dur-Akkord handelt, denn **die Terz über dem Grundton ist für die Bestimmung des Tongeschlechts Dur oder Moll entscheidend**.
Schichtet man nun weiter über das e eine kleine Terz, so ergibt sich der Dreiklang c-e-g. Dies ist der C-Dur-Dreiklang in der *Grundstellung*. Grundstellung bedeutet, dass bei einem Akkord der Grundton unten liegt und die weiteren Akkordtöne in Terzschichtung folgen. Das Intervall vom Grundton zum zweiten geschichteten Ton (g) ist eine reine Quinte.

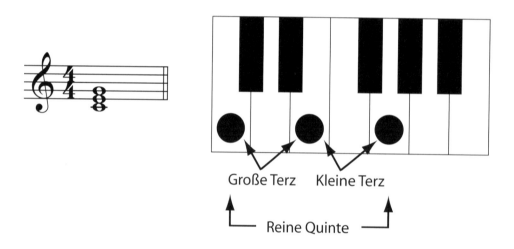

Grundsätzlich kann auf jedem beliebigen Ton ein Akkord gebildet werden.

Nimmt man als Tonmaterial zur Akkordbildung die Töne einer Tonleiter, so heißen die Akkorde *diatonische Akkorde*. Auf jedem Ton der Tonleiter werden durch Terzschichtung die Akkorde gebildet. Bei manchen kommt zuerst die große und dann die kleine Terz, bei anderen verhält es sich umgekehrt. So entstehen Dur- und Moll-Akkorde. Die Eigenschaft eines Akkordes in Bezug auf Dur oder Moll bezeichnet man als *Tongeschlecht*.

Im folgenden Beispiel diatonischer Akkorde, bzw. diatonischer Dreiklänge bildet die C-Dur-Tonleiter das Tonmaterial. Die Akkorde haben entsprechend der Stufe, auf der sie gebildet werden, ihr Tongeschlecht.

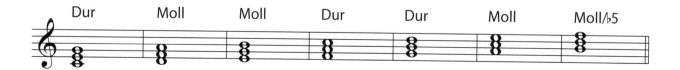

Die Tonstufen werden mit römischen Ziffern bezeichnet. Steht kein Zusatz hinter der Ziffer, handelt es sich um einen Dur-Dreiklang. Steht ein „m" hinter der Ziffer, ist es ein Moll-Dreiklang. Auf der 7. Stufe ergibt sich wegen der verminderten Quinte von h nach f ein Moll/♭5-Dreiklang.

Stufen und Akkordtypus:

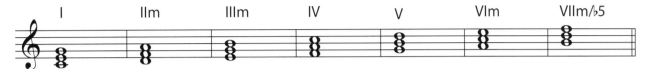

Die Akkorde werden auf ihren Bezug zum Grundton hin beschrieben. So wird die Stufe des Akkordes in der *Funktionsharmonik* angegeben.
Beispiel: Ein IIm-Akkord hat die Funktion eines auf der zweiten Stufe (dem zweiten Ton) einer diatonischen Leiter aufgebauten Akkordes. Man spricht in diesem Zusammenhang auch von *Stufenakkorden*.

Die Funktionsharmonik ist besonders in Pop, Rock und Jazz von Bedeutung, da sie die Grundlage für Improvisation im Sinne von „freiem Spiel über vorgegebene Akkorde" darstellt.

27. Die Haupt- und Nebenstufen der Akkorde

Wie bereits erwähnt erhält man bei der Terzschichtung über dem Grundton der C-Dur-Tonleiter den Akkord mit den Tönen c-e-g (C-Dur-Dreiklang).
Ein auf dem 4. Ton (= IV. Stufe) der C-Dur-Tonleiter aufgebauter Akkord hat die Töne f-a-c (F-Dur-Dreiklang).
Ein auf dem 5. Ton (= V. Stufe) der C-Dur-Tonleiter aufgebauter Akkord hat die Töne g-h-d (G-Dur-Dreiklang).

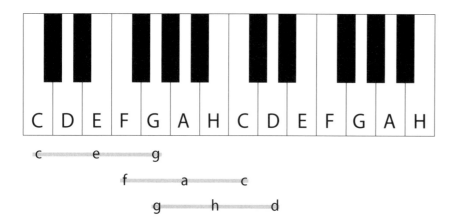

Der C-Dur-Akkord steht also auf der I. Stufe, der F-Dur-Akkord auf der IV. Stufe und der G-Dur-Akkord auf der V. Stufe der Dur-Tonleiter.
Dies sind die *Hauptstufen* und haben die Bezeichnungen:

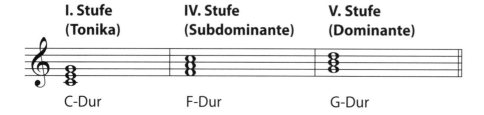

Ein auf der
I. Stufe einer Tonleiter aufgebauter Akkord ist die **Tonika**,
IV. Stufe einer Tonleiter aufgebauter Akkord ist die **Subdominante**,
V. Stufe einer Tonleiter aufgebauter Akkord ist die **Dominante**.

Legt man die Subdominante unter die Tonika, so ist der Abstand der Grundtöne von Subdominante und Tonika eine Quinte. Der Abstand der Grundtöne von Tonika und Dominante ist ebenfalls eine Quinte. Tonika, Subdominante und Dominante sind daher *quintverwandt*.

Im folgenden Beispiel ist G-Dur die Tonika. C-Dur ist Subdominante und D-Dur ist Dominante.

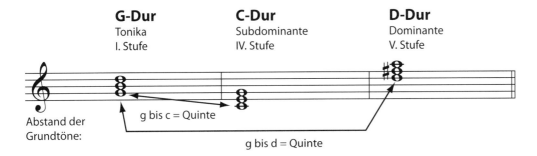

Die Dur-Dreiklänge auf den Stufen I, IV und V werden als *Hauptdreiklänge* bezeichnet; die Moll-Dreiklänge auf den Stufen II, III und VI als *Nebendreiklänge*. Der Moll-Dreiklang mit verminderter Quinte auf der VII. Stufe hat in diesem Zusammenhang keine Bedeutung.

Für jeden Hauptdreiklang gibt es einen Nebendreiklang mit einem Terzabstand bei den Grundtönen. Hier spricht man von *Terzverwandschaft*. In diesen Fällen ist es eine kleine Terz, die die Verwandschaft von Haupt- und Nebendreiklängen ausmacht.

Der Grundton des Nebenakkordes wird unter den Grundton des Hauptakkordes gelegt, z. B.: Legt man zum Grundton des C-Dur-Akkordes (c) einen Ton eine kleine Terz tiefer, kommt man zum a. Der terzverwandte Molldreiklang zu C-Dur ist somit A-Moll. Dieser terzverwandte Mollakkord wird auch als *paralleler Mollakkord* bezeichnet.

Eine direkte Gegenüberstellung der Akkorde macht deutlich, wo die Unterschiede in der neuzeitlichen und der klassischen Funktionsbezeichnung liegen:

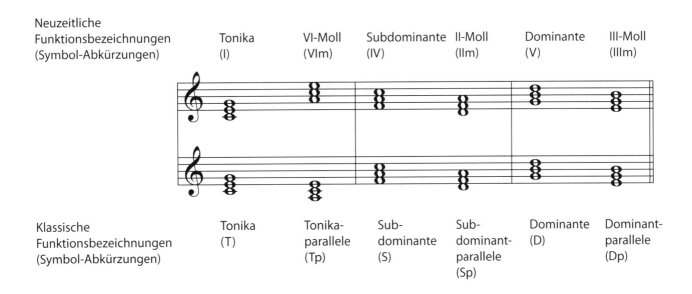

28. Die Umkehrungen

Akkorde werden aus spieltechnischen oder klanglichen Gründen nicht nur in der Grundstellung notiert oder gespielt. Die Töne eines Akkordes sind dann zwar immer noch die Gleichen, jetzt aber in anderer Reihenfolge und Lage. Man spricht hier von der **Umkehrung** eines Akkordes.
Unabhängig davon bezeichnet man die Struktur eines Akkordes, also die Reihenfolge der Töne, allgemein als **Voicing**.
Die 1. Umkehrung eines Akkordes erhält man, in dem der unterste Ton der Grundstellung nach oben gelegt wird. Legt man nun wiederum den untersten Ton der 1. Umkehrung nach oben, erhält man die 2. Umkehrung.

In den folgenden Beispielen werden die Begriffe „Grundstellung" mit „Gst" und „Umkehrung" mit „Uk" abgekürzt. Die Akkorde zu Beginn einer Zeile werden in der allgemein gebräuchlichen Symbolschrift abgekürzt.

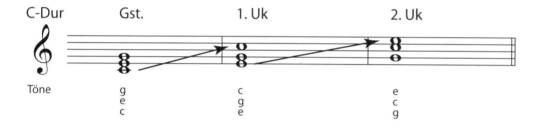

Bei der 1. Umkehrung ist der Abstand vom untersten Ton bis zum folgenden Ton eine Terz. Der Abstand vom untersten Ton bis zum obersten Ton ist eine Sexte. Daher wird die 1. Umkehrung auch als Terz-Sextakkord oder einfach als Sextakkord bezeichnet.
Bei der 2. Umkehrung ist der Abstand vom untersten Ton bis zum folgenden Ton eine Quarte. Der Abstand vom untersten Ton bis zum obersten Ton ist eine Sexte. Daher wird die zweite Umkehruing auch als Quart-Sextakkord bezeichnet.

Umkehrungen können in jeder beliebigen Lage notiert sein. Ob es sich dabei um die Grundstellung oder eine Umkehrung handelt, hängt ausschließlich von der Reihenfolge der Töne ab, nicht von ihrer Lage.

Beispiele:

Umkehrungen von übermäßigen oder verminderten Dreiklängen werden auf die gleiche Weise gebildet wie die von Dur- und Moll-Akkorden.

C übermäßiger Dreiklang

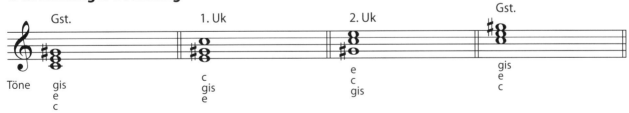

C verminderter Dreiklang

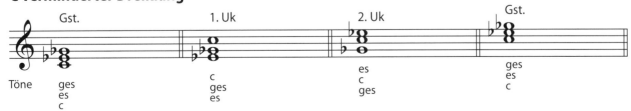

29. Kadenzen

> Akkordfolgen, deren Akkorde im diatonischen System in einem funktionalen Bezug zueinander stehen, nennt man *Kadenzen*.

Diesem funktionalen Bezug liegt das diatonische System zu Grunde.
Durch die Stufenbezeichnungen in der Symbolschrift wird auch die Tonika bestimmt, auf die sich die Kadenz bezieht.

Die Akkorde der Kadenzen werden auf den Tonstufen der Ausgangs-Tonleiter gebildet (Tonleiter der Tonika) und zwar nur mit dem Tonmaterial dieser Leiter. Ist beispielsweise C-Dur die Ausgangstonleiter, werden die Akkorde nur mit den Tönen der C-Dur-Tonleiter gebildet. Es gibt allerdings Ausnahmen, bei denen sogenannte **Vertretungsakkorde** gegen die ursprünglichen Akkorde ausgetauscht werden.

Die Tatsache, dass im Normalfall den Akkorden einer Kadenz immer nur eine einzige (Tonika-) Tonleiter zu Grunde liegt, ist für das Komponieren und die Improvisation ein wichtiger und hilfreicher Aspekt. Man muss nicht für jeden Akkord eine völlig neue Tonleiter erstellen, sondern verwendet das Tonmaterial der Tonika-Tonleiter.

30. Die klassische Kadenz

Die **klassische Kadenz** mit der Folge Tonika – Subdominante – Dominante – Tonika (I – IV – V – I) basiert auf der Quintverwandschaft der Akkorde im diatonischen System (vgl. Kapitel 27).

Beispiel:

Klassische Kadenz

 10

Akkord:	C-Dur	F-Dur	G-Dur	C-Dur
Funktion:	I	IV	V	I

31. Schluss-Kadenzen

Kadenzen sind ein beliebtes Stilmittel um das Ende eines Musikstückes zu formulieren. Den Schluss eines Musikstückes auf der Tonika bezeichnet man als *Ganzschluss*.

Dabei spielt es keine Rolle, welche Akkordfunktion sich vor der Tonika befindet. Die Endung Dominante – Tonika ist die meist verwendete Endung in der klassischen Musik und wird auch als **authentischer Schluss** bezeichnet.

Beispiel:
Authentischer Schluss

Akkord:	C-Dur	G-Dur	C-Dur
Funktion:	I	V	I

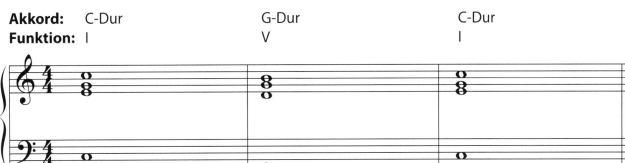

Eine weitere Form des Ganzschlusses ist die Endung mit Subdominante – Tonika. Hier spricht man von einem **plagalen Schluss**.

Beispiele:
Plagaler Schluss

 11.2 0:11

Akkord:	C-Dur	F-Dur	C-Dur
Funktion:	I	IV	I

Plagaler Schluss mit Moll-Subdominante

 11.3 0:23

Akkord:	C-Dur	F-Dur	F-Moll	C-Dur
Funktion:	I	IV	IVm	I

Einen Schluss auf der Dominante bezeichnet man als **Halbschluss**.

Beispiel:
Halbschluss

 11.4 0:37

Akkord:	C-Dur	F-Dur	A-Moll	G-Dur
Funktion:	I	IV	VIm	V

Einen Schluss, der weder auf der Tonika noch auf der Dominante endet, bezeichnet man als *Trugschluss*. In der klassischen Harmonielehre dient häufig die Tonikaparallele (VIm) für den Trugschluss.

Beispiel:
Trugschluss

 11.5 0:52

Akkord:	C-Dur	F-Dur	G-Dur	A-Moll
Funktion:	I	IV	V	VIm

Als harmonische Grundlage für logisch klingende Akkordfolgen sind Kadenzen ideal. Daher ist es naheliegend, dass nicht nur die klassische Musik, sondern auch Pop- Rock und Jazz sich dieser Kadenzen bedienen.
Ein häufig verwendetes Stilmittel in diesem Zusammenhang sind die **Turnarounds**. Dies sind harmonische Wendungen bzw. Akkordfolgen, die ein „Sich-im-Kreis-drehen" beinhalten. Man geht von einem Ausgangsakkord aus und lässt weitere Akkorde in immer wiederkehrender Folge „kreisen".

Beispiele:

32. Die 1645-Kadenz

Die Akkorde werden auf der I., VI., IV. und V. Stufe einer Dur-Tonleiter aufgebaut. Nimmt man die C-Dur-Tonleiter als Ausgangstonleiter, so ergibt sich:

 12.1

Akkord:	C-Dur	A-Moll	F-Dur	G-Dur
Funktion:	I	VIm	IV	V

Nimmt man für die I-VI-IV-V-Kadenz die G-Dur-Tonleiter als Ausgangstonleiter, so ergibt sich:

 **12.2** 0:22

Akkord:	G-Dur	E-Moll	C-Dur	D-Dur
Funktion:	I	VIm	IV	V

33. Die 1625-Kadenz (I-VI-II-V)

Die Akkorde werden auf der I., VI., II. und V. Stufe einer Durtonleiter aufgebaut.
Nimmt man die C-Dur-Tonleiter als Ausgangstonleiter, so ergibt sich:

 **12.3** 0:45

Akkord:	C-Dur	A-Moll	D-Moll	G-Dur
Funktion:	I	VIm	IIm	V

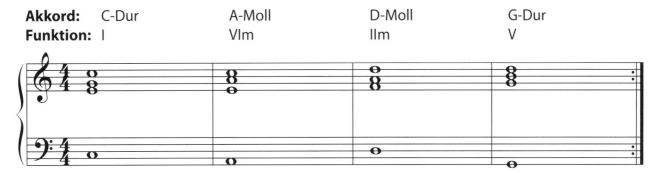

34. Die 2-5-1 Kadenz (II-V-I)

Die Akkorde werden auf der II., V. und I. Stufe einer Durtonleiter aufgebaut. Ein beliebtes Stilmittel in diesem Zusammenhang ist, die I. Stufe (Tonika) erst am Ende einer 4- oder 8-taktigen Periode einzusetzen.

Nimmt man die C-Dur-Tonleiter als Ausgangstonleiter, so ergibt sich:

 13.1

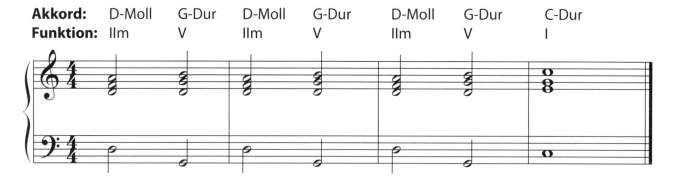

Nimmt man für die II-V-I-Kadenz die F-Dur Tonleiter als Ausgangstonleiter, so ergibt sich:

 13.2 0:13

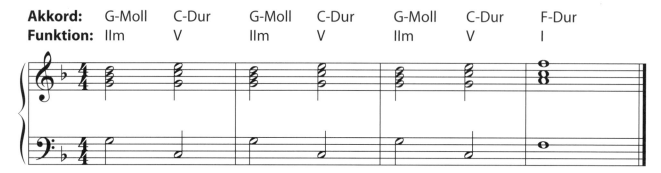

35. Kadenzen in Moll

Die Tonika der Moll-Kadenz wird auf dem 6. Ton einer Dur-Tonleiter gebildet (Tonika-Parallele, Tp). Zur Bestimmung der weiteren Akkorde wird die Leiter mit dem Tonmaterial der zu Grunde liegenden Dur-Tonleiter fortgeführt. Die so entstandene Leiter heißt *natürliche* oder *aeolische Molltonleiter*. Für C-Dur als Ausgangstonleiter ergibt sich:

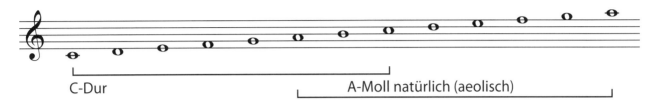

Nun werden auf der I., IV. und V. Stufe der natürlichen Molltonleiter Akkorde gebildet.

Akkord: A-Moll   D-Moll   E-Moll
Funktion: Im   Vm   Vm

Wir sehen auf der V. Stufe einen Moll-Akkord. Dieser Moll-Akkord hat jedoch keine dominantische Wirkung, da ihm der sogenannte *Leitton* zum Grundton der Tonika fehlt.

Ein Leitton leitet im Halbtonschritt zum Zielton.

Zum Vergleich: In der Dur-Kadenz leitet die Terz der Dominante im Halbtonschritt zum Grundton der Tonika. Ist beispielsweise G-Dur die Dominante, so leitet die Dominant-Terz h im Halbtonschritt zum Grundton c der Tonika. Ist nun Am die Tonika, so muss die Terz der Dominante im Halbtonschritt zum Ton a leiten. Aus der Terz g des E-Moll-Akkordes wird daher gis.
Auf diese Weise entsteht die *harmonische Molltonleiter*:

A-Moll harmonisch

Bildet man nun auf dem 5. Ton der natürlichen Molltonleiter einen Dreiklang mit dem veränderten Ton aus der harmonischen Molltonleiter, ergibt sich:

Akkord: A-Moll   D-Moll   E
Funktion: Im   Vm   V

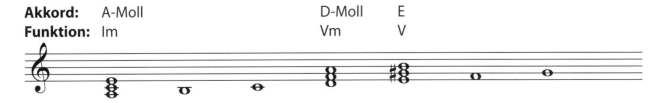

Zur Vermeidung des übermäßigen Sekundschrittes vom 6. zum 7. Ton in der harmonischen Molltonleiter entwickelte die klassische Harmonielehre die *melodische Molltonleiter*. Durch die Erhöhung des 6. Tones entsteht zum 7. Ton jetzt ein Ganztonschritt. Sowohl Harmonisch Moll als auch Melodisch Moll haben den Leitton von der 7. zur 8. Tonstufe. Da dieser Leitton nur in Aufwärtsbewegung einer Melodie von Bedeutung ist, verzichtet die klassische Harmonielehre bei der Abwärtsbewegung der melodischen Molltonleiter auf die Erhöhungen der 6. und 7. Stufe. Daher weist die melodische Molltonleiter in der Aufwärtsbewegung eine andere Struktur auf als in der Abwärtsbewegung.

A-Moll melodisch

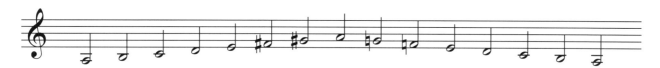

Die melodische Molltonleiter entspricht in ihrer Abwärtsbewegung exakt der natürlichen Molltonleiter. Daher ist für die Skalentheorie bei der melodischen Molltonleiter nur die Struktur in der Aufwärtsbewegung von Bedeutung. Die in diesem Zusammenhang verwendete Abkürzung für Melodisch Moll aufwärts lautet **MMA**.

36. Die klassische Moll-Kadenz

(Beispiel mit Tonika C-Moll)

Akkord:	C-Moll	F-Moll	G-Dur	C-Moll
Funktion:	Im	IVm	V	Im

37. Die spanische Kadenz

Die *spanische Kadenz* verwendet die Stufen I, V, VI und VII der natürlichen Molltonleiter. Auch hier wird wieder der Moll-Akkord auf Stufe V durch Erhöhung der Terz zum Dur-Akkord verändert.

Akkord:	A-Moll		D-Moll	E-Dur	F-Dur	G-Dur
Funktion:	Im		IVm	V	VI	VII

Die spanische Kadenz
(Beispiel mit Tonika C-Moll)

Cm ist die Tp zu Es-Dur. Das Tonmaterial für die Kadenz mit C-Moll-Tonika sind daher die Töne der Es-Dur-Tonleiter, wobei die Terz der Dominante (G-Dur) um einen Halbtonschritt erhöht wird (Leitton h).

Akkord:	C-Moll	B-Dur	As-Dur	G
Funktion:	Im	VII	VI	V

38. Die Quartkadenz

Die folgende Kadenz enthält alle Akkorde, die mit den Tönen der diatonischen Leiter gebildet werden können. Ihre Grundtöne stehen, wenn sie nach oben hin aufeinander folgen, im Quartabstand. Daher heißt diese Kadenz auch *Quartkadenz*.

Akkord:	C-Dur	F-Dur	H-Moll^{b5}	E-Moll	A-Moll	D-Moll	G-Dur	C-Dur
Funktion:	I	IV	VIIm^{b5}	IIIm	VIm	IIm	V	I

39. Weitere Kadenzmodelle

Bei vielen Kadenzen der Rock- und Popmusik lässt sich entsprechend auch die Epoche bestimmen, in der sie hauptsächlich verwendet wurden.
Die eher traditionellen Kadenzen, wie z. B. I–VIm–IV–V oder I–VIm–IIm–V sind besonders häufig in der Rock'n'Roll- und Beat-Musik der 1950er und 1960er Jahre anzutreffen. In den folgenden Jahren benutzten die Musiker mehr und mehr Kadenzmodelle, die vom alten Schema abwichen. Auch diesen Kadenzen liegt das diatonische System zu Grunde.

Akkorde und Funktionen für Cm-Tonika:

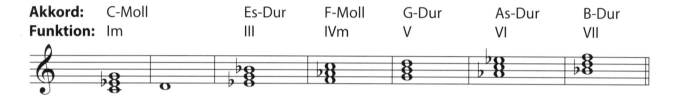

40. Kadenz mit Zwischendominante

Die folgende VIm-IIm-V-I-Kadenz hat im 8. Takt einen G-Dur-Akkord, der in der Funktion V zum folgenden Stufenakkord Cm führt. Auf diese Weise wird der angesteuerte Akkord schlüssiger erreicht. G ist damit aber keine „Haupt-Dominante" (*Primärdominante*) sondern eine Zwischendominante (*Sekundärdominante*).

🎵 17

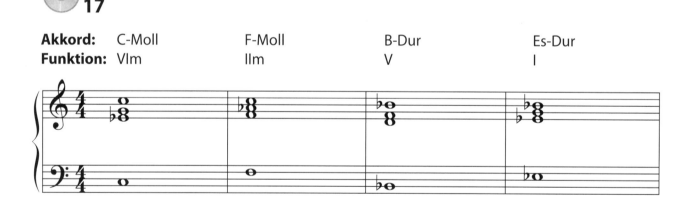

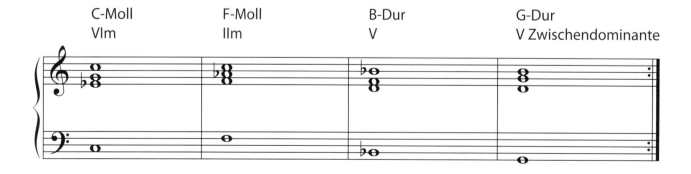

54

„Freie" Kadenzen in der Popmusik

Bei den freien Kadenzen werden Akkordfolgen verwendet, die aus dem Schema der diatonischen Leiter ausbrechen.

Beispiel:

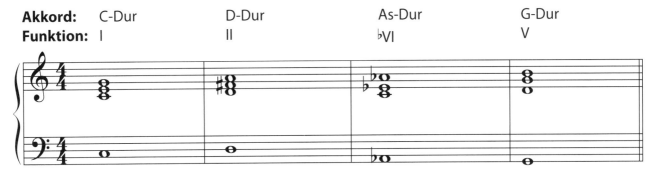

41. Kadenz mit Subdominant-Reihung

In diesem Beispiel ist G die Tonika. Die folgenden Akkorde sind eine Aneinanderreihung von Subdominanten. Es beginnt mit B-Dur auf der erniedrigten 3. Stufe (♭III) von G-Dur. B-Dur ist Subdominante von F-Dur. F-Dur ist Subdominante von C-Dur. C-Dur ist Subdominante von G-Dur.

42. Die Vierklänge

Ergänzt man einen Dreiklang in der Grundstellung um eine weitere Terz, so erhält man einen Vierklang, bzw. einen vierstimmigen Akkord.
Zur Bestimmung des so erzeugten vierten Akkordtones erhält der Akkord seine Bezeichnung, bzw. sein *Akkordsymbol*.

Das Symbol für den Dur-Dreiklang ist ein Großbuchstabe. Dieser bezeichnet auch den Grundton, auf dem der betreffende Dreiklang aufgebaut wird, z. B. C für C-Dur.
Das Symbol für den Moll-Dreiklang ist ein Großbuchstabe mit angestelltem „m" für Moll, z. B. Cm für C-Moll.

Der Vierklang erhält noch die Ergänzung „7" bzw. „maj7" für die hinzugefügte Septe.
Der Zusatz „7" bedeutet, dass dem Akkord die kleine Septe angefügt ist, z. B.: C7 bedeutet ein C-Dur-Dreiklang mit angefügter kleiner Septe.
Der Zusatz „maj7" bedeutet, dass dem Akkord die große Septe angefügt ist, z. B.: Cmaj7 bedeutet ein Dur-Dreiklang mit angefügter großer Septe.

Der Grund der Bezeichnung 7 für ein kleines Intervall liegt daran, dass in den frühen Formen von Blues und Jazz durchweg Dur-Akkorde mit kleiner Septe verwendet wurden. Erst als in den späteren Formen (Be-Bop, Cool-Jazz) die große Septe in den Akkorden gebräuchlich wurde, musste ein nachträgliches Symbol geschaffen werden. So entstand die Schreibweise maj7. Weitere Varianten dieser Schreibweise sind: MAJ7, Maj7, M7, maj, j7.

43. Diatonische Septakkorde

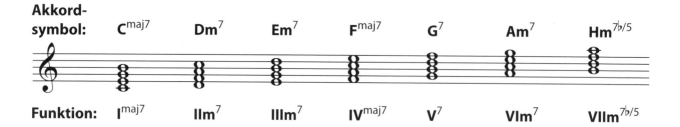

Der Dur-Akkord mit kleiner Septe heißt ***Dominant-Septakkord***. Die Bezeichnung bezieht sich in erster Linie dabei nicht auf die Funktion, sondern auf die Struktur des Akkordes. Besonders im Blues stehen häufig auch auf der ersten und der vierten Stufe ein Dur-Akkord mit kleiner Septe. Obwohl die Akkorde nun keine Dominant-Funktion haben, sind es auch hier Dominant-Septakkorde.

44. Sixte-Ajoutée-Vierklänge

Bei den Sixte-Ajoutée-Vierklängen wird einem Dur- oder Moll-Dreiklang eine große Sexte angefügt. Der angefügte Ton wird also nicht durch Terzschichtung, sondern durch direktes Anfügen an den Dreiklang erzeugt.
Diese Akkorde haben meist Tonikafunktion und sind Vertreter eines Major7-Akkordes.

Beispiele:

Dur-Akkord mit angefügter großer Sexte

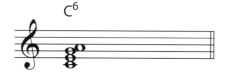

Moll-Akkord mit angefügter großer Sexte

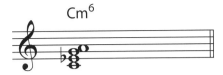

45. Der sus4-Akkord

Der sus4-Akkord ist ein Dominant-Septakkord, bei dem die Terz durch die (reine) Quarte ersetzt wird. In der klassischen Harmonielehre löst sich der sus4-Akkord immer über die Terz des gleichen Dominant-Akkordes zur Tonika auf. Die Quarte bildet in diesem Fall einen Vorhalt zur folgenden Terz des gleichen Akkordes. Der sus4-Akkord wird daher auch als Vorhalt-Akkord bezeichnet. In Pop, Rock und Jazz ist auch der direkte Weg vom sus4-Akkord (V7sus4) zur Tonika gebräuchlich. Hier wird der sus4-Akkord auch häufig ohne die kleine Septe verwendet, also nur mit Grundton, Quarte und Quinte.

Beispiele:
Die klassische Auflösung V7sus4 – V7 – I

 19.1

Akkord: G^{7sus4} G^7 C
Funktion: V^{7sus4} V^7 I

Pop/Rock-Variante V7sus4 – I

 19.2   0:07

Akkord: G^{7sus4} C
Funktion: V^{7sus4} I

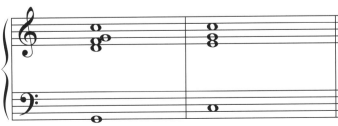

46. Der sus2-Akkord und der add9-Akkord

Der sus2-Akkord ist ein Dur-Akkord, bei dem die Terz durch die große Sekunde ersetzt wird. Dieser Akkord wird häufig mit dem add9-Akkord verwechselt. Beim add9-Akkord ersetzt die große None die maj7. Er enthält auch die Terz über dem Grundton. Beim sus2-Akkord fehlt diese Terz.

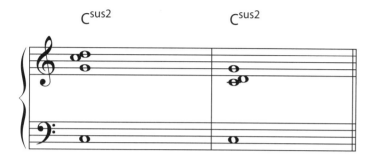

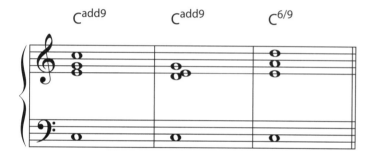

Bei der Bezeichnung C6/9 handelt es sich um einen C6-Akkord mit hinzugefügter None. Der C6/9-Akkord hat keine Septe. Er steht meist in der Tonika-Funktion.

47. Die Akkorderweiterungen 9, 11 und 13

Fügt man zum Vierklang weitere Terzen hinzu, kommt man zur 9., 11. und 13. Tonstufe. Die 15. Tonstufe ist wieder der Grundton.

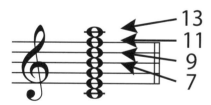

48. Die Symbolschrift

Um die Akkorde mit ihren Erweiterungen möglichst kurz und trotzdem umfassend darzustellen haben die Großbuchstaben der Dreiklangs-Akkordsymbole zusätzliche Index-Zahlen und -Zeichen. Für manche Bezeichnungen gibt es alternative Schreibweisen, die hier in Klammern angegeben sind.

Halbtonschritte vom Grundton	Intervall	Index im Akkordsymbol
0	Prim	Grundton, im Akkordbuchstaben dargestellt
1	kleine Sekunde	♭9, (9-)
2	große Sekunde	9 bzw. add9 bzw. sus2 (2)
3	übermäßige Sekunde	♯9, (9+)
3	kleine Terz	m hinter dem Akkordbuchstaben bzw. im verminderten Akkord enthalten
4	große Terz	im Dur-Akkord enthalten
5	reine Quarte	11 bzw. sus4 (4)
6	übermäßige Quarte	♯11
6	verminderte Quinte	♭5 bzw. im verminderten Akkord enthalten
7	reine Quinte	im normalen Dur- und Moll-Akkord enthalten
8	übermäßige Quinte	♯5 (5+)
8	kleine Sexte	♭13
9	große Sexte	13 bzw. 6
9	verminderte Septe	o7 (dim.7, dim, verm.)
10	kleine Septe	7
11	große Septe	maj7 (MAJ7, Maj7, M7, maj, j7)

49. Die praktische Umsetzung der Symbolschrift

Es gibt grundsätzlich zwei Möglichkeiten zur Bezeichnung von Akkorden, die über den Dreiklang mit hinzugefügter Septe hinausgehen.

Beispiel: Soll ein C7-Akkord zusätzlich noch die große None enthalten, erhält der Akkord die Bezeichnung C7/9. Gerade bei handgeschriebenen Noten ist es dem Autor oft zu mühsam, alle Indexziffern zu nennen und er verwendet das Kürzel 9, ohne 7, also C9. Trotzdem handelt es sich hier um einen C7/9-Akkord.

Soll wirklich nur die 9 ohne 7 im Akkord erklingen, erhält der Akkord die Bezeichnung add9 (add = hinzugefügt), für obiges Beispiel hieße das Cadd9. Die Indexziffern werden in der Reihenfolge ihrer Größe hinter den Großbuchstaben des Dreiklangs-Symbol notiert, z. B. C7/9/#11/13. Ausnahmen sind die Indexziffern ♭5, #5 und sus4. Sie werden immer ans Ende der Akkordbezeichnung gestellt, z. B. C7sus4 oder C7/#5.

Die Reihenfolge der Indexziffern spielt für die Reihenfolge der Töne im klingenden Akkord keine Rolle. Soll allerdings einem Akkord ein bestimmter Basston unterlegt werden, wird dies mit einem Querstrich oder Bruchstrich und dem dahinter oder darunter notierten Basston gekennzeichnet.

Beispiel:
C/G bedeutet ein C-Dur-Akkord mit dem Basston g.

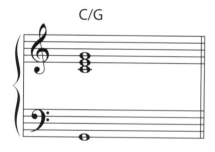

Auf diese Weise lassen sich auch stufenweise fortschreitende Bassläufe, sogenannte *Bass-Durchgänge*, die von Akkord zu Akkord führen, gestalten.

20.1

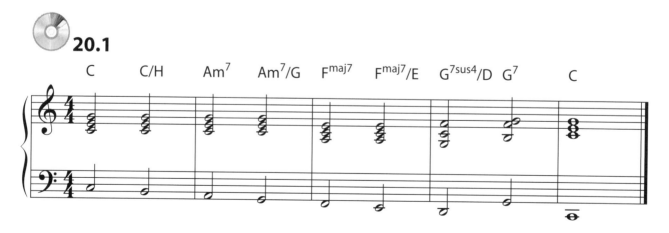

50. Der Bass-Orgelpunkt

Bei Akkorden mit einem sogenannten *Bass-Orgelpunkt* (basso ostinato) wechseln die Akkorde während der Basston gleich bleibt. Der Orgelpunkt wird auch als *Pedalton* bezeichnet.
Beispiel:

51. Der verminderte Septakkord

Der verminderte Septakkord wird auf der VII. Stufe der harmonischen Moll-Tonleiter gebildet. Der verminderte Septakkord ist ein symmetrischer Akkord. Alle Intervalle innerhalb des Akkordes sind gleich groß. Es werden drei kleine Terzen übereinander geschichtet. Dann folgt wieder der Grundton, bzw. die Oktave. Der Akkord hat dem entsprechend die Intervalle Prim (Grundton) – kleine Terz – verminderte Quinte – verminderte Septe.
Seine Verwendung findet der verminderte Septakkord als Dominant-Ersatz bzw. als Vertretungsakkord mit chromatischer Bassführung zum Zielakkord. Die verminderte Septe ist klanglich gleich der großen Sexte und wird aus Gründen des einfacheren Lesens im Akkordbild auch häufig enharmonisch verwechselt dargestellt. In der Symbolschrift hat der verminderte Septakkord die Bezeichnung o7, z. B. C o7.
Es gibt somit **klanglich** nur drei unterschiedliche verminderte Septakkorde:

1. Co7 = E♭o7 = G♭o7 = Ao7
2. C#o7 = Eo7 = Go7 = Bo7
3. Do7 = Fo7 = A♭o7 = Ho7

Alle Akkorde können natürlich auch enharmonisch verwechselt werden, z. B. C#o7 entspricht D♭o7, G#o7 entspricht A♭o7, usw.
Die folgenden Notationen sind in der vereinfachten, gebräuchlichen Schreibweise. In den Klammern sind die „korrekten" Tonnamen angegeben. Die Basslinie wird bei der Verwendung des verminderten Septakkordes in der Regel chromatisch zum Zielakkord geführt.

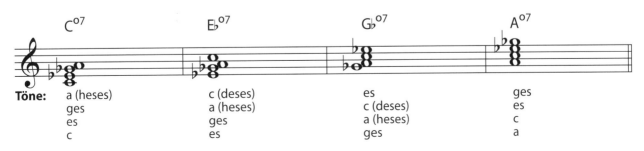

Töne:	a (heses)	c (deses)	es	ges
	ges	a (heses)	c (deses)	es
	es	ges	a (heses)	c
	c	es	ges	a

Fortsetzung nächste Seite

verminderter Septakkord, Fortführung

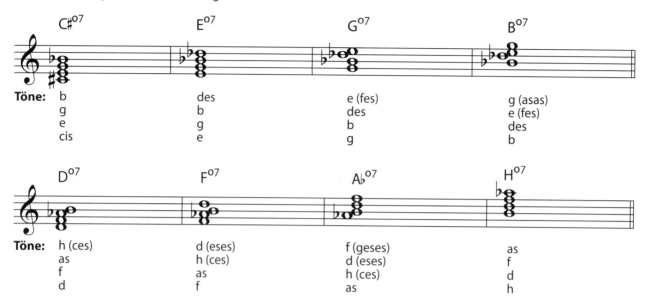

Die Verwendung des verminderten Septakkordes

Beispiele für Vertretungen durch den verminderten Septakkord in der 1625-Kadenz:

 21.1

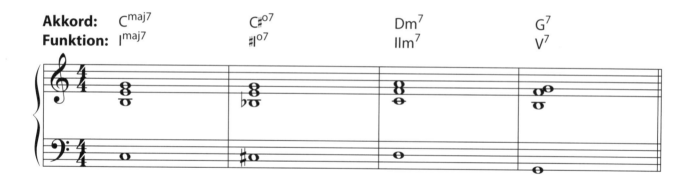

 **21.2** 0:14

Beispiel für Vertretungen durch den verminderten Septakkord mit chromatischer Bassführung zum Zielakkord:

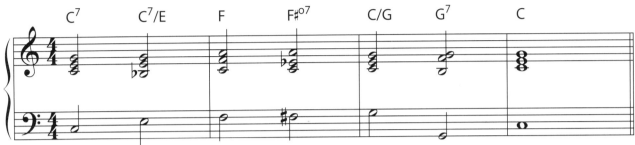

52. Der übermäßige Septakkord

Bildet man einen übermäßigen Septakkord nach dem Prinzip der Terzschichtung, lässt sich auf dem Dreiklang mit übermäßiger Quinte nur eine kleine Terz schichten. Der übermäßige Vierklang hat dann die Intervalle Prim – große Terz – übermäßige Quinte – große Septe. Der Akkord-Index für den übermäßigen Septakkord ist maj7/#5 oder maj7/5+.

Beispiel: Cmaj7/#5

Der übermäßige Akkord wird auch als Dominantseptakkord (7/#5) verwendet. Wegen der an sich schon starken Klangfarbe der #5 wird er in der Popmusik gerne auch ohne die Septe gespielt.

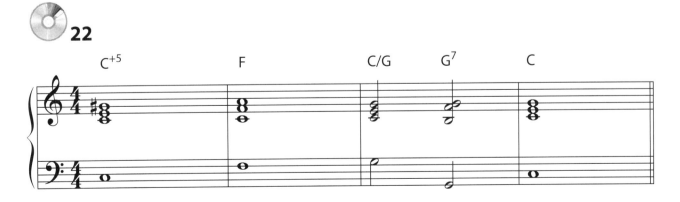

53. Das Ionische System

Bildet man auf jeder Tonstufe einer Dur-Tonleiter eine neue 7-stufige Tonleiter und verwendet dabei das Tonmaterial der Ausgangs-Dur-Tonleiter, erhält man die sieben Tonleitern der sogenannten **Kirchentonarten**. Tonleitern mit ihren spezifischen Ganz- und Halbtonschritten werden auch Skalen genannt. Die Skalen haben alle einen entsprechenden Namen und bilden das Fundament für die Kompositions- und Improvisationstechnik von Pop, Rock und Jazz. Akkorde und Skalen der gleichen Stufe werden immer mit dem gleichen Tonmaterial gebildet. Beispiel: Ein Akkord auf der 2. Stufe verwendet für alle Terzschichtungen das gleiche Tonmaterial einer auf der 2. Tonstufe aufgebauten Tonleiter.

Die Dur-Tonleiter auf der ersten Stufe dieses Systems heißt *Ionische Skala*. Daher wird das gesamte System „*Ionisches System*" genannt.

Die Tonleitern des Ionischen Systems und ihre Bezeichnungen:

Ionisch; der entsprechende Stufenakkord zu dieser Skala ist Imaj7.
(in diesem Beispiel ist Imaj7 = Cmaj7).

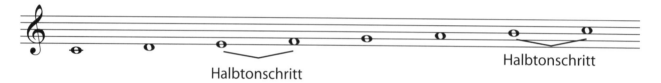

Dorisch; der entsprechende Stufenakkord zu dieser Skala ist IIm7.
(in diesem Beispiel ist IIm7 = Dm7).

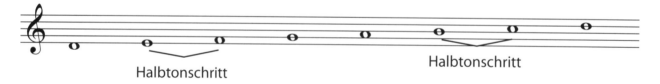

Phrygisch; der entsprechende Stufenakkord zu dieser Skala ist IIIm7.
(in diesem Beispiel ist IIIm7 = Em7).

Lydisch; der entsprechende Stufenakkord zu dieser Skala ist IV maj7.
(in diesem Beispiel ist IVmaj7 = Fmaj7).

Mixolydisch; der entsprechende Stufenakkord zu dieser Skala ist V7.
(in diesem Beispiel ist V7 = G7).

Aeolisch; der entsprechende Stufenakkord zu dieser Skala ist VIm.
(in diesem Beispiel ist VIm7 = Am7).

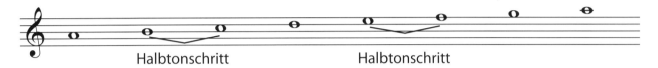

Lokrisch; der entsprechende Stufenakkord zu dieser Skala ist VIIm7/♭5.
(in diesem Beispiel ist VIIm7/♭5 = Hm7/♭5).

Möchte man nun zu den Akkorden im Ionischen System (diatonische Akkorde) eine Melodie bzw. Improvisation erzeugen, sucht man zuerst das Tonzentrum = die Tonika der Akkorde. Danach können die anderen Akkorde dieser Tonika ihrer Stufenfunktion entsprechend zugeordnet werden. Die Stufenfunktionen der Akkorde geben Auskunft über die zu verwendende Skala.

Es gilt zu beachten, dass ein Musikstück auch mehrere Tonika-Akkorde aufweisen kann. In diesem Fall untersucht man, auf welche Tonika die Akkorde am ehesten bezogen werden können.
Ebenso gibt es Akkordfolgen, z. B. in der IIm-V Kadenz, bei denen eine Tonika (I) überhaupt nicht erscheint. Trotzdem kann diese Kadenz auf eine Tonika bezogen werden.

Nicht verwendbare Töne

Die Skalen im Ionischen System passen grundsätzlich immer zu ihren entsprechenden Stufenakkorden. Bei der Bildung einer Melodie ist jedoch darauf zu achten, dass manche Töne „schief" klingen, bzw. eine ungewollte Färbung im Fluss der Melodie erzeugen. Ebenso verhält es sich mit Akkordtönen bzw. Akkordoptionen, die „störend" zum Grundakkord klingen. Der Grund dafür ist eine Dissonanz (nicht gut klingendes Klangverhältnis) zwischen den Tönen aus dem Grundakkord und den Optionstönen. Das am stärksten dissonant klingende Intervall in diesem Zusammenhang ist die kleine None.

Regel: Bei Akkorden dürfen zwei beliebige Stimmen keine kleine None als Abstand haben, außer ♭9 über 1 im Dominantseptakkord (Dom7 ♭9) oder ♭5 über 11 im Moll7/♭5 Akkord.

Beispiel für kleine None über 1 im Dom7-Akkord (erlaubt):

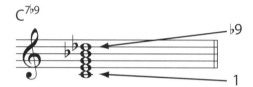

Beispiel für kleine None über 11 im Moll7/♭5-Akkord (erlaubt):

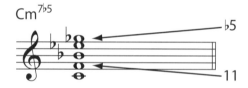

Beispiel für kleine None über 3 im Maj7-Akkord (nicht verwendbar):
Die 11 (f) über der Terz (e) bildet eine kleine None (♭9).

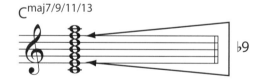

Beispiel für kleine None über 3 im Dom7-Akkord (nicht verwendbar):

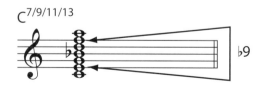

Beispiel für kleine None über #11 im Dom7-Akkord (nicht verwendbar)

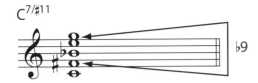

Bei einer **Melodie** hängt die Stärke einer Dissonanz nicht nur vom betreffenden Ton alleine, sondern auch von seiner rhythmischen Position und Wertigkeit ab. Der *dissonante* Ton sollte daher auf einer unbetonten Zählzeit oder im Fluss der Melodie stehen. Auch sollte ein dissonanter Ton nicht zu lange angehalten, sondern im Zusammenhang mit **konsonanten** (wohl klingenden) Tönen unauffällig eingebunden werden.

Beispiel für unauffällige Dissonanz in einer Melodie:

Beispiel für auffällige Dissonanz in einer Melodie:

54. Die Skalentabelle

Wie bereits erwähnt, gibt es für jeden Akkordtyp auch die entsprechende Skala. Die nachfolgende Skalentabelle zeigt Skalenname, Intervallstruktur der Skala, Optionstöne der Akkorde, nicht verwendbare Akkordtöne und bei welchen Akkordfunktionen die Akkorde bzw. die Skalen verwendet werden.

Aus Platzgründen sind die Intervallnamen durch Zahlen ersetzt. Bei den Intervallbezeichnungen 4 und 5 handelt sich ohne Zusatz um die reinen Intervalle; „gr" bedeutet großes Intervall, „kl" bedeutet kleines Intervall, „ü" bedeutet übermäßiges Intervall, „v" bedeutet vermindertes Intervall.

1 = Prim
2 = Sekunde
3 = Terz
4 = Quarte
5 = Quinte
6 = Sexte
7 = Septe

Skalen-name	Intervallstruktur	Optionstöne der Akkorde	Anwendung der Akkorde (Funktion)	Nicht verwendbare Akkordtöne
Ionisch	1 gr2 gr3 4 5 gr6 gr7	(6), 9, 13	Imaj7, I 6, I 6/9	11
Lydisch	1 gr2 gr3 ü4 5 gr6 gr7	9, ♯11, 13	Imaj7/♯11 IVmaj7/♯11 ♭IImaj7/♯11	
Ionisch ♯5	1 gr2 gr3 4 ü5 gr6 gr7	9	Imaj7/♯5	11, 13
Lydisch ♯5	1 gr2 gr3 ü4 ü5 gr6 gr7	9, ♯11	Imaj7/♯5 IVmaj7/♯5	13
Dorisch	1 gr2 kl3 4 5 gr6 kl7	9, 11	IIm7	13
Phrygisch	1 kl2 kl3 4 5 kl6 kl7	11	IIIm7	♭9, ♭13
Aeolisch	1 gr2 kl3 4 5 kl6 kl7	9, 11	VIm7	♭13
Harm. Moll	1 gr2 kl3 4 5 kl6 gr7	9	Im maj7	11, ♭13
Mel. Moll aufw. (MMA)	1 gr2 kl3 4 5 gr6 gr7	9, 11, 13	Im maj7	

Skalen-name	Intervallstruktur	Optionstöne der Akkorde	Anwendung der Akkorde (Funktion)	Nicht verwendbare Akkordtöne
Lokrisch	1 kl2 kl3 4 v5 kl6 kl7	11, ♭13	IIm7/♭5	♭9
Lokrisch 9	1 gr2 kl3 4 v5 kl 6 kl7	9, 11, ♭13	VIm7/♭5	
Mixolydisch	1 gr2 gr3 4 5 gr6 kl7	9, 13	V7 → Dur	11
Mixo #11	1 gr2 gr3 ü4 5 gr6 kl7	9, #11, 13	♭II7, IV7, ♭VII7, II7	
Mixo ♭9/#11	1 kl2 gr3 ü4 5 gr6 kl7	♭9, #11, 13	V7♭9 → Dur	
HM5	1 kl2 gr3 4 5 kl6 kl7	♭9, ♭13	V7♭9 → Moll	11
Alteriert	1 kl2 ü2 gr3 ü4 kl6 kl7	♭9, #9, #11, ♭13	V7alt. oder VII7alt. → Dur oder Moll	
Ganzton (GT)	1 gr2 gr3 ü4 ü5 kl.7	9, #11	Dom.7/#5	
Ganzton (GT)	1 gr2 gr3 v5 kl6 kl.7	9, ♭13	Dom.7/♭5	
Halbton-Ganzton (HTGT)	1 kl2 ü2 gr3 ü4 5 gr6 kl7	♭9, #9, #11, 13	Dom7/#9/13	
Ganzton-Halbton (GTHT)	1 gr2 kl3 4 v5 kl6 gr6 gr7	9, 11, ♭13, ♭15	alle o7	
Mixolydisch ohne 3	1 gr2 4 5 gr6 kl7 9 13 1 gr2 4 5 gr6 kl7 9 13	9, 13 11, 13	7/sus4 7/sus2	
Dur-Pentatonik	1 gr2 gr3 5 6	6, 9	Dur 6/9	
Moll-Pentatonik	1 kl3 4 5 kl7	11	Moll 7	

55. Die Bildung von Akkorden mit Hilfe der Skalentabelle

Die Skalentabelle zeigt einerseits, welche Skalentöne zu welchem Akkord gespielt werden und andererseits, welche Akkorderweiterungen (Optionstöne) einem Akkord hinzugefügt werden können. In Pop und Rock ist es üblich, die Akkorde nicht mit allen Optionstönen zu bilden. Trotzdem ist es auch hier wichtig zu wissen, welche Funktion ein Akkord hat, auch wenn er nur als Dreiklang erscheint.

Die folgenden Notenbeispiele zeigen die Skalen und die dazugehörigen Akkorde mit Grundton c. Die Funktionen der Vierklangs-Akkordtöne sind über, die Optionstöne unter dem Notensystem angegeben. Die nicht verwendbaren Akkord-Optionstöne sind in Klammern gesetzt. In der jeweils anschließenden Notierung des Akkordes sind sie weggelassen. Die Akkorde zeigen immer alle verwendbaren Optionstöne, doch in der Praxis werden selten alle gemeinsam im Akkord verwendet (s. o.).

C-ionisch

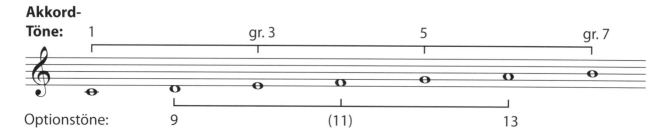

Anwendung im Akkord Cmaj7/9/13 (in der Funktion Imaj7)

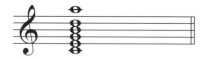

C-lydisch

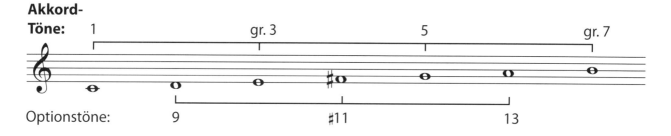

Anwendung im Akkord Cmaj7/9/#11/13 (in der Funktion Imaj7/#11, IVmaj7/#11)

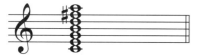

C-ionisch ♯5

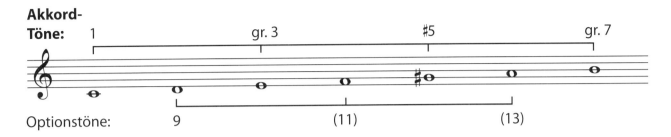

Anwendung im Akkord Cmaj7/♯5/9 (in der Funktion Imaj7/♯5)

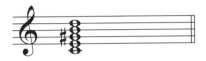

C-lydisch ♯5

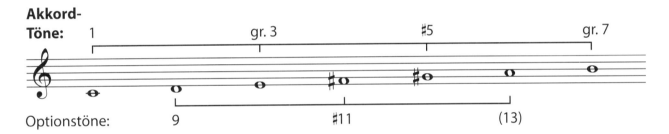

Anwendung im Akkord Cmaj7/♯5/9/♯11 (in den Funktionen Imaj7/♯5, IVmaj7/♯5)

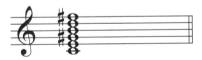

C-dorisch

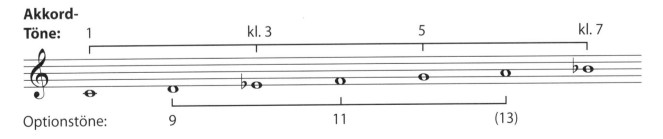

Anwendung im Akkord Cm7/9/11 (in der Funktion IIm7)

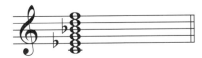

C-phrygisch

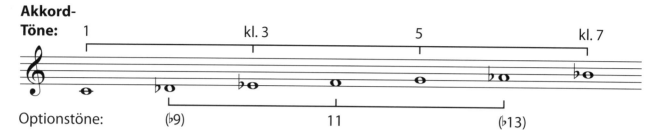

Anwendung im Akkord Cm7/11 (in der Funktion IIIm7)

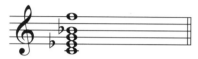

C-aeolisch

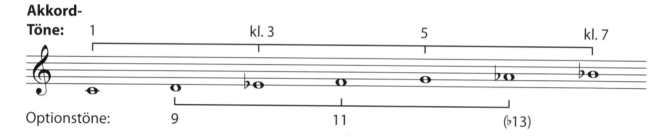

Anwendung im Akkord Cm7/9/11 (in der Funktion VIm7)

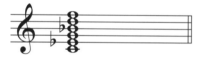

C-harmonisch Moll

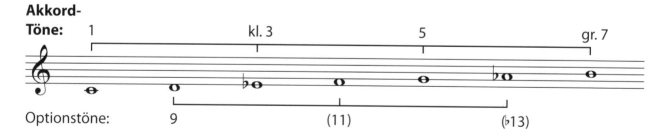

Anwendung im Akkord Cm maj7/9 (in der Funktion Im maj7)

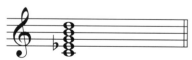

C-melodisch Moll aufwärts (MMA)

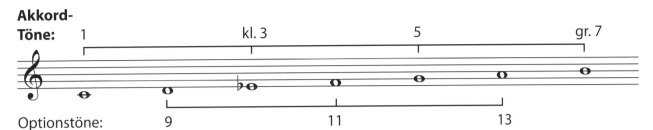

Anwendung im Akkord Cm maj7/9/11/13 (in der Funktion Im maj7)

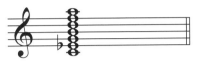

C-lokrisch

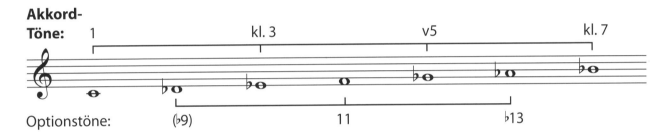

Anwendung im Akkord Cm7/♭5/11/♭13 (in der Funktion IIm7/♭5)

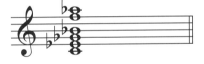

C-lokrisch 9

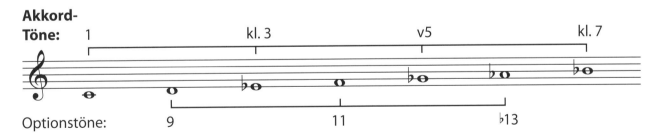

Anwendung im Akkord Cm7/♭5/9/11/♭13 (in der Funktion VIm7/♭5)

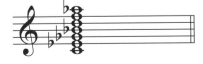

C-mixolydisch

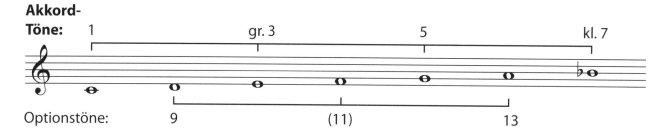

Anwendung im Akkord Cmaj7/9/13 (in der Funktion V7 zu Dur)

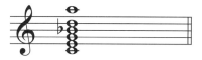

C-mixolydisch ♯11 (mixo ♯11)

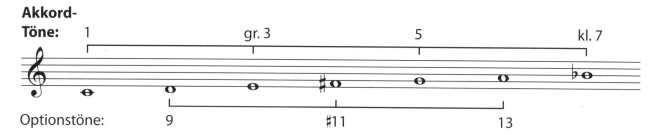

Anwendung im Akkord C7/9/♯11/13 (in der Funktionen ♭II7, IV7, ♭VII7, II7)

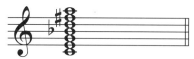

C-mixolydisch ♭9/♯11 (mixo ♭9/♯11)

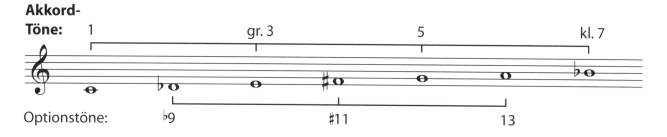

Anwendung im Akkord C7/♭9/♯11/13 (in der Funktionen V7/♭9 zu Dur)

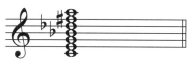

C-HM5 (5. Modus von harmonisch Moll)

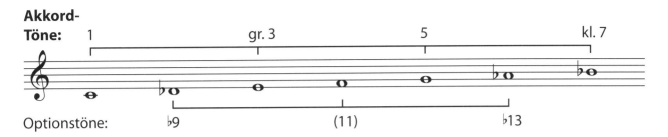

Anwendung im Akkord C7/♭9/♭13 (in der Funktion V7/♭9 zu Moll)

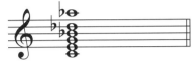

C-alteriert

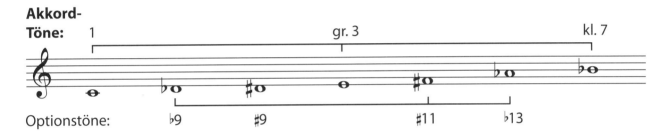

Anwendung im Akkord C7alt. (in den Funktionen V7alt., VII7alt. zu Dur oder Moll)
Der Ton dis (#9) ist im folgenden Akkord enharmonisch verwechselt als Note es dargestellt.

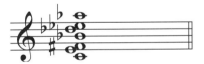

C-Ganzton (mit #5)

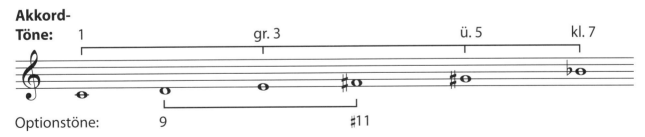

Anwendung im Akkord C7/#5/9/#11 (in der Funktion Dom.7/#5)

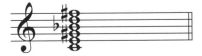

C-Ganzton (mit ♭5)

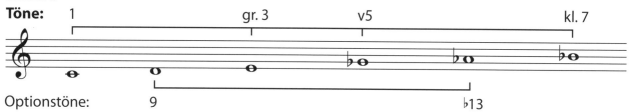

Anwendung im Akkord C7/♭5/9/♭13 (in der Funktion Dom.7/♭5)

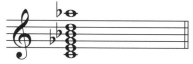

C-Halbton-Ganzton (HTGT)

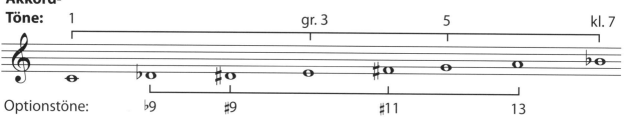

Anwendung im Akkord C7/#9/#11/13 (in der Funktion Dom.7/#9/13)
Der Ton dis (#9) ist im folgenden Akkord enharmonisch verwechselt als Note es dargestellt.

Anwendung im Akkord C7/♭9/#9/#11/13 (in der Funktion Dom.7/#9/13)

C-Ganzton-Halbton (GTHT)

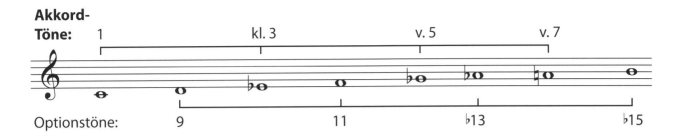

Die verminderte Septe erscheint in der GTHT-Skala als große Sexte (a). In ihrer Funktion im Akkord ist sie natürlich eine verminderte Septe (heses). Die Definition des 8. Leitertones ist zwiespältig. Als terzgeschichteter Akkordton kommt er als 15. Ton, in diesem Fall also ♭15 = ces.
In der GTHT-Leiter erscheint er als große Septe h.
In der Praxis werden die Akkordtöne des verminderten Akkordes der einfacheren Lesbarkeit halber entsprechend enharmonisch verwechselt notiert.

Anwendung im Akkord C°7/9/11/♭13/♭15 (in der Funktion °7)

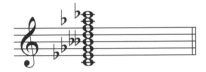

C-Mixolydisch ohne 3 (beim sus4-Akkord)

Anwendung im Akkord C7/sus4/9/13 (in der Funktion 7/sus4)

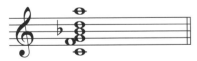

C-Mixolydisch ohne 3 (beim sus2-Akkord)

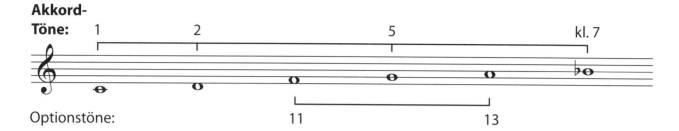

Anwendung im Akkord C7/sus2/11/13 (in der Funktion 7/sus2)

C-Dur Pentatonik

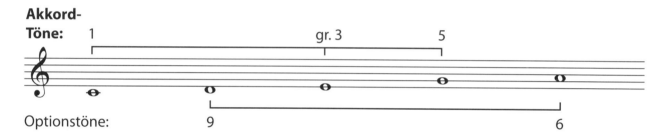

Anwendung im Akkord C6/9 (in der Funktion I6/9)

C-Moll Pentatonik

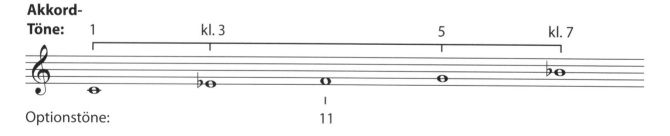

Anwendung im Akkord Cm7/11 (in der Funktion m7)

56. Die Skalen des Blues

Der *Blues* lässt sich mit der herkömmlichen Skalentheorie nicht erklären. Es lassen sich lediglich Basis-Skalen feststellen, die im Blues häufig angewendet, dann aber doch immer wieder verändert bzw. erweitert werden.

Die Grundform des Blues ist eine 12-taktige Akkordfolge, die in ihren Stufenfunktionen immer gleich ist. Die Akkorde werden manchmal auch durch Vertretungsakkorde oder kleine Kurzkadenzen ersetzt, was aber nichts an der 12-taktigen Ur-Form ändert. Auch gibt es 14- oder 16-taktige Bluesformen, die aber ebenfalls auf der Urform beruhen.

Will man das Phänomen des Blues begreifen, so betrachtet man am besten erst einmal seine Entstehungsgeschichte. Die verschiedensten Einflüsse afrikanischer und europäischer Musik sind im Blues verschmolzen. Zur Zeit der Sklavenhaltung in Amerika entwickeln sich aus den Worksongs der Feldarbeiter zum Einen die religiösen Spirituals und Gospels, und zum Anderen der Blues. Die Texte im Blues erzählen nicht mehr nur von den Sorgen und Nöten der Slaven, sondern haben auch das immer wieder kehrende Thema unglücklicher Partnerbeziehungen und alles, was das Thema Liebe sonst noch hergibt, zum Inhalt. Es entsteht eine einfach strukturierte Liedform mit nur einem einzigen Akkordtyp, dem Dominantseptakkord.

Die Dominantseptakkorde werden auf den Hauptstufen I, IV und V in immer wiederkehrenden, meist 12-taktigen Perioden wiederholt. Die Melodien unterstreichen den oft melancholischen Songtext des Blues („feeling blue") am eindruckvollsten mit den sogenannten *Blue Notes*. Die Blue Notes sind die kleine Terz und die verminderte Quinte. Die kleine Septe ist keine „echte" Blue Note, da sie als normaler Skalenton im Dominantseptakkord erscheint. Die Blue Notes sind ein Bluesspezifisches Phänomen und werden nicht funktional verwendet, sondern haben rein klangliche – gefühlsmäßige – Bedeutung.

57. Die 12-taktige Bluesform

Die Grundform des Blues am Beispiel C7 = Tonika

 24.1

C7 Tonika Funktion I7	C7 Tonika Funktion I7	C7 Tonika Funktion I7	C7 Tonika Funktion I7
F7 Subdominante Funktion IV7	F7 Subdominante Funktion IV7	C7 Tonika Funktion I7	C7 Tonika Funktion I7
G7 Dominante Funktion V7	G7 Dominante Funktion V7	C7 Tonika Funktion I7	C7 Tonika Funktion I7

Für die oben gezeigte Grundform gibt es zahlreiche Varianten.
Hier einige Beispiele:

Variation 1 der Grundform des Blues am Beispiel C7 = Tonika

 24.2 0:30

C7 Tonika Funktion I7	F7 Subdominante Funktion IV7	C7 Tonika Funktion I7	C7 Tonika Funktion I7
F7 Subdominante Funktion IV7	F7 Subdominante Funktion IV7	C7 Tonika Funktion I7	C7 Tonika Funktion I7
G7 Dominante Funktion V7	F7 Subdominante Funktion IV7	C7 Tonika Funktion I7	G7 Dominante Funktion V7

Variation 2 der Grundform des Blues am Beispiel C7 = Tonika

 24.3 1:02

C7 Tonika Funktion I7	**F7** Subdominante Funktion IV7	**C7** Tonika Funktion I7	**C7** Tonika Funktion I7
F7 Subdominante Funktion IV7	**F7** Subdominante Funktion IV7	**C7** Tonika Funktion I7	**C7** Tonika Funktion I7
Dm7 II-V-Kadenz Funktion IIm7	**G7** (Dominante) Funktion V7	**C7** Tonika Funktion I7	**Dm7 G7** II-V-Kadenz Funktion IIm7 V7

Wie bereits erwähnt, lässt sich der Blues nicht mit der herkömmlichen Skalentheorie erklären. Trotzdem gibt es Skalen, die als Basis für Komposition und Improvisation im Blues angesehen werden können. Die erste dieser Skalen ist die pentatonische Moll-Tonleiter (vgl. Skalentabelle).

Die pentatonische Moll- Tonleiter hat die Struktur: 1, kl3, 4, 5, kl7. Sie besteht also nur aus 5 Tönen. Obwohl die Skala uneingeschränkt für alle 3 Stufenakkorde verwendet werden kann, ist auch hier ein gewisses musikalisches Gespür angebracht.

58. Die pentatonische Moll-Tonleiter im Blues

Die *pentatonische-Moll-Tonleiter* mit Grundton c

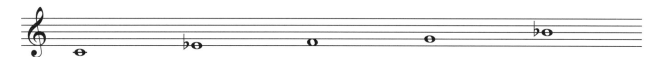

Das folgende Bluesbeispiel verwendet einen sogenannten **Lick**. Der Begriff „Lick" ist vergleichbar mit dem klassischen Motiv, der kleinsten sinntragenden musikalischen Einheit. Es ist eine charakteristische Tonfolge, die alleine, verändert oder mit anderen Motiven zusammen eine Komposition bildet.

Bluesbeispiel 1
(Ternär)

 25

In obigem Blues wird die Melodie im Grunde mit nur einem einzigen Lick gebildet. In einer 4-taktigen Periode erscheint Lick 1 zweimal unverändert und schließt dann als „Lick 1 verändert" die Periode ab. Die 4 Takte haben also motivisch die Form A-A-A'.

Die gesamten 12 Takte eines Blues lassen sich in 3x 4 Takte aufteilen. Diese Aufteilung ergibt die Form *AAB*, wie auch der typische Blues-Text (Beispiel) verdeutlicht:

A   My babe left me, left this morning, not even sayin' good-bye.

A   My babe left me, left this morning, not even sayin' good-bye.

B   She only said to me: "I'm gonna leave you", but I don't know the reason why.

59. Die 6-Ton-Bluesleiter

Die 6-Ton-Bluesleiter ist eine pentatonische Moll-Tonleiter mit zusätzlicher verminderter Quinte.

Die *6-Ton-Bluesleiter* mit Grundton c:

Das folgende Beispiel für einen Blues in AAB-Form verwendet zur normalen pentatonischen Moll-Tonleiter als Zusatzton noch die verminderte Quinte.

Bluesbeispiel 2
(Ternär)

60. Die 7-Ton-Bluesleiter

Die *7-Ton-Bluesleiter* hat zusätzlich zur 6-Ton Bluesleiter noch die große Terz über dem Grundton der Tonika. Diese Terz bildet im IV7-Akkord eine große Septe und kann hier den Blues-typischen Charakter stören.

Die 7-Ton-Bluesleiter mit Grundton c:

61. Dur- und Moll-Pentatonik im Wechsel

In der Blues-Improvisation können Dur- und Moll-Pentatoniken auch gemeinsam verwendet werden. Die Skalen werden aber nicht vermischt, sondern gewechselt, so dass immer noch festzustellen ist, welche Skala gerade zu Grunde liegt. Ein Meister dieser Technik ist der Sänger und Gitarrist B. B. King.

Bluesbeispiel mit wechselnder Dur-/Moll-Pentatonik

62. Boogie-Woogie

Boogie-Woogie ist ein Blues-Klavierstil, der sich in den 1920er Jahren etablierte. Die Spieltechniken wurden auch auf das Gitarrenspiel und in der Big-Band-Instrumentierung übernommen. Ein in diesem Zusammenhang wichtiges Merkmal ist die parallele Verschiebung eines Licks beim Akkordwechsel auf den neuen Akkord (Bezeichnung im Beipiel: Lick' bzw. Lick").

Beispiel:

63. Umfänge und Notation der Instrumente

Hinweise: Die Tonumfänge der Instrumente können bauartbedingt nach oben oder unten hin variieren. Bei den Blasinstrumenten ist der Tonumfang nach oben hin auch vom Können des Musikers abhängig. Die bei den Blasinstrumenten in Klammern gesetzten Noten sind spielbar, haben aber in der Praxis kaum Bedeutung. Viele Instrumente sind *transponierende Instumente*, d. h.: ein notierter Ton klingt real in einer anderen Tonhöhe.

Klavier/Flügel

Klavier oder Flügel können in ihrem Tonumfang bauartbedingt nach oben oder unten hin variieren. In der Regel haben sie 88 Tasten. Dies entspricht einem Tonumfang vom Subkontra a bis zum Fünfgestrichenen c.

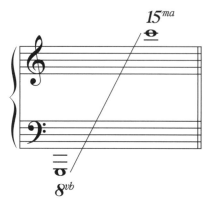

Die Gitarre

Die Gitarre gehört zu den transponierenden Instrumenten in c. Ein notierter Ton klingt eine Oktave tiefer. Der Umfang einer Gitarre hängt von der Anzahl ihrer Bünde ab. Eine Gitarre mit 21 Bünden hat als höchsten klingenden Ton das dreigestrichene cis.

notiert: klingend:

Das Banjo (Tenorbanjo)

Das Banjo klingt wie notiert.
Der Tonumfang des Banjos:

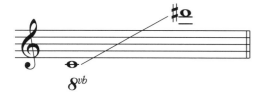

Der Bass (Bassgitarre)

Der Bass gehört zu den transponierenden Instrumenten in c. Ein notierter Ton klingt eine Oktave tiefer. Der **Kontrabass** ist sowohl in der klassischen als auch in der Pop/Rock-Musik gebräuchlich. Er hat vier Saiten. Der **E-Bass** hat im Allgemeinen ebenfalls vier Saiten. Er wird in der klassischen Musik nicht verwendet. Kontrabass und viersaitiger E-Bass haben die selben Tonumfänge.

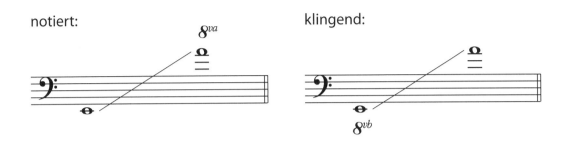

Der 5-saitige E-Bass (Fünfsaiter)

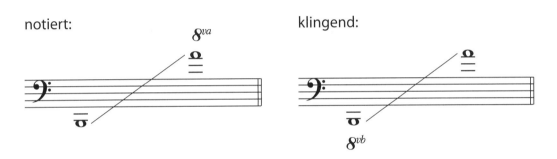

Die Trompete in B

Die Trompete in B gehört zu den transponierenden Instrumenten. Ein notierter Ton klingt einen Ganzton tiefer.

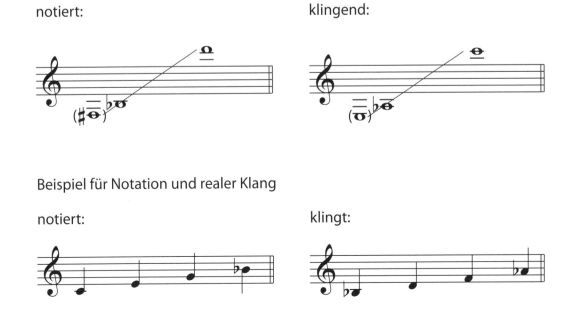

Beispiel für Notation und realer Klang

Die Posaune

Die **Tenor-Posaune** klingt wie notiert. Die Notation erfolgt in der Regel im Bass-Schlüssel; in hohen Lagen gelegentlich auch im Tenorschlüssel.
Zwischen ihrem tiefsten Ton B¹ und dem folgenden E sind keine Töne spielbar. Diese Lücke wird durch die **Bassposaune** geschlossen.

Tonumfang der Tenorposaune:

Tonumfang der Bassposaune (mit zwei Ventilen):

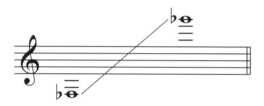

Das Waldhorn in F

Das Waldhorn in F (French Horn) gehört zu den transponierenden Instrumenten. Es wird entweder im Violinschlüssel oder im Bass-Schlüssel notiert. Im Violinschlüssel notiert klingt das Waldhorn eine reine Quinte tiefer. Im Bass-Schlüssel notiert klingt es eine reine Quarte höher.

notiert: klingend:

Die Tuba

Die Tuba klingt wie notiert. Die Notation erfolgt im Bass-Schlüssel.

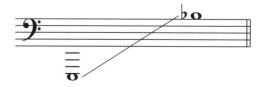

Das Sopraninosaxophon in Es

Das Sopraninosaxophon in Es gehört zu den transponierenden Instrumenten.
Ein notierter Ton klingt eine kleine Terz höher.

notiert: klingend:

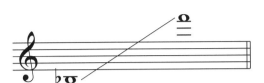 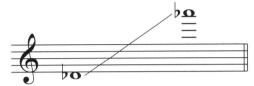

Das Sopransaxophon in B

Das Sopransaxophon in B gehört zu den transponierenden Instrumenten.
Ein notierter Ton klingt einen Ganzton tiefer.

notiert: klingend:

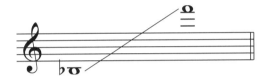 

Das Alt-Saxophon in Es

Das Altsaxophon in Es gehört zu den transponierenden Instrumenten.
Ein notierter Ton klingt eine große Sexte tiefer.

notiert: klingend:

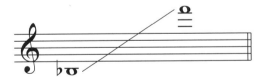 

Das Tenorsaxophon in B

Das Tenorsaxophon in B gehört zu den transponierenden Instrumenten.
Ein notierter Ton klingt eine große None tiefer.

notiert: klingend:

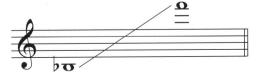 

Das Baritonsaxophon in Es

Das Baritonsaxophon in Es gehört zu den transponierenden Instrumenten.
Ein notierter Ton klingt eine Oktave und eine große Sexte tiefer.

notiert: klingend:

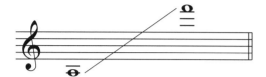 

Die Klarinette in B

Die Klarinette in B gehört zu den transponierenden Instrumenten.
Ein notierter Ton klingt einen Ganzton tiefer.

notiert: klingend:

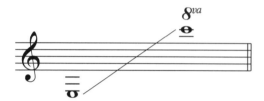 

Die Bass-Klarinette in B

Die Bass-Klarinette in B gehört zu den transponierenden Instrumenten.
Ein notierter Ton klingt eine große None tiefer.

notiert: klingend:

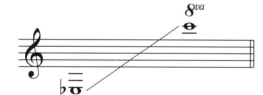 

Die Piccoloflöte

Die Piccoloflöte gehört zu den transponierenden Instrumenten in c.
Ein notierter Ton klingt eine Oktave höher.

notiert: klingend:

 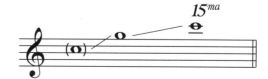

Die Querflöte

Die Querflöte klingt wie notiert.

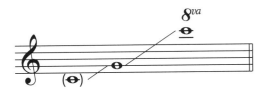

Die Alt-Querflöte in G

Die Alt-Querflöte in G gehört zu den transponierenden Instrumenten.
Ein notierter Ton klingt eine reine Quarte tiefer.

notiert: klingend:

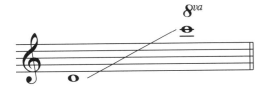   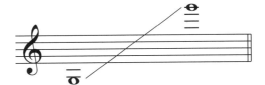

Die Bass-Querflöte

Die Bass-Querflöte gehört zu den transponierenden Instrumenten in c.
Ein notierter Ton klingt eine Oktave tiefer.

notiert: klingend:

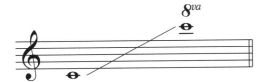   

Die Sopran-Blockflöte

Die Sopran-Blockflöte gehört zu den transponierenden Instrumenten in c.
Ein notierter Ton klingt eine Oktave höher.

notiert: klingend:

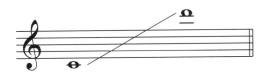   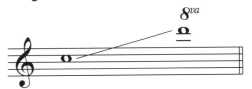

Die Alt-Blockflöte in F

Die Alt-Blockflöte in F gehört zu den transponierenden Instrumenten. Ein notierter Ton klingt eine reine Quarte höher.

notiert: 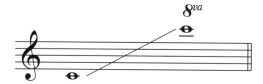   klingend: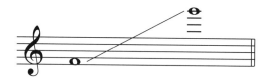

Die Tenor-Blockflöte

Die Tenor-Blockflöte klingt wie notiert.

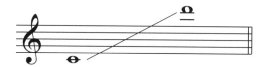

Die Oboe

Die Oboe klingt wie notiert.

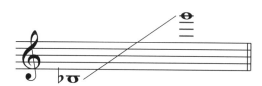

Das Englisch-Horn in F

Das Englisch-Horn in F gehört zu den transponierenden Instrumenten.
Ein notierter Ton klingt eine reine Quinte tiefer.

notiert: 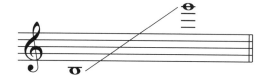   klingend: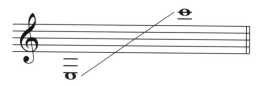

Das Fagott

Das Fagott klingt wie notiert.
Die Notation erfolgt im Bass-Schlüssel.

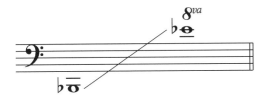

Das Vibraphon

Das Vibraphon klingt wie notiert.

Vibraphon mit drei Oktaven (Standard):   Vibraphon mit vier Oktaven:

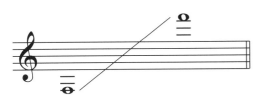   

Das Marimbaphon

Das Marimbaphon klingt wie notiert.

Das Xylophon

Das Xylophon gehört zu den transponierenden Instrumenten in C.
Ein notierter Ton klingt eine Oktave höher.

notiert: klingend:

   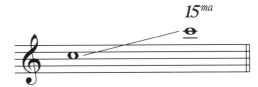

Die Violine (Geige)

Die Violine klingt wie notiert.

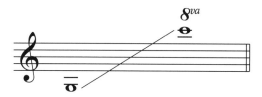

Die Bratsche (Viola)

Die Bratsche wird in der tiefen Lagen im Bratschenschlüssel und in hohen Lagen im Violinschlüssel notiert.

notiert: klingend:

Das Cello (Violoncello)

Das Cello klingt wie notiert. Es wird in der Regel im Bass-Schlüssel notiert.
In hohen Lagen kann die Notation im Violinschlüssel, selten auch im Tenorschlüssel erfolgen.

Der Streichbass (Kontrabass)

Umfang siehe Bass/Kontrabass.

Die Pauken

Pauken werden im Bass-Schlüssel notiert. Sie haben entsprechend ihrer Größe eine Grundstimmung und einen Tonumfang von ca. einer großen Sexte.

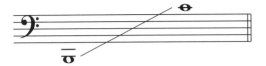

Beispiel für Pauken-Notation:

Das Schlagzeug (Drumset)

Das Schlagzeug wird im Bass-Schlüssel notiert, hat aber keine definierten Tonhöhen. Die Trommeln werden im Notensystem notiert. Die Notenhälse der Bassdrum und der mit dem Fuß geschlossenen Hi-Hat zeigen nach unten. Alle anderen Notenhälse zeigen nach oben.

Die Becken werden über dem Notensystem mit einem Kreuz an Stelle des Notenkopfes notiert. Die Verwendung von Hi-Hat oder Becken wird zu Beginn über den Noten angegeben.

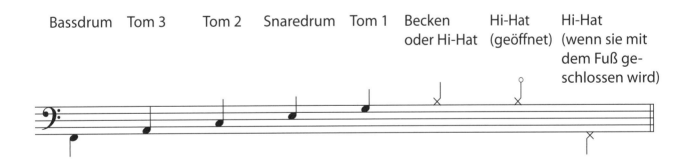

Beispiel für Schlagzeug-Notation:

64. Umfänge und Notation der Gesangsstimmen

Sopran

Die Sopran-Stimme ist die höchste Lage der Frauenstimmen.
Sie steht im Violinschlüssel und klingt wie notiert.

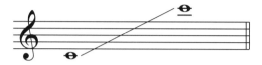

Mezzo-Sopran

Die Mezzo-Sopran-Stimme liegt eine Terz unter der Sopranstimme.
Sie steht im Violinschlüssel und klingt wie notiert.

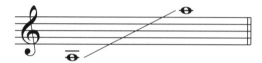

Alt

Die Alt-Stimme ist die tiefste Lage der Frauenstimmen.
Sie steht im Violinschlüssel und klingt wie notiert.

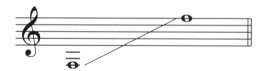

Tenor

Die Tenor-Stimme ist die hohe Lage der Männerstimmen.
Sie steht im Chorsatz im Bass-Schlüssel, kann als Solostimme und in hohen Lagen aber auch im Violinschlüssel notiert werden.

Bass-Bariton

Die Bass-Bariton-Stimme ist eine tiefe Lage der Männerstimmen.
Sie steht im Bass-Schlüssel und klingt wie notiert.

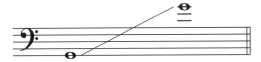

Bass

Die Bass-Stimme ist die tiefste Lage der Männerstimmen.
Sie steht im Bass-Schlüssel und klingt wie notiert.

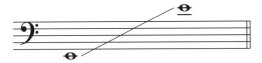

65. Die Low Interval Limits

Ein *Low Interval Limit* bezeichnet die unterste Grenze der absoluten Tonhöhe eines Akkordtones. Diese Grenze der absoluten Tonhöhe richtet sich nach der Funktion des Tones im Akkord. Ein bestimmtes Intervall eines Akkordes, z. B. die Septe, darf nicht unter einer bestimmten absoluten Tönhöhe liegen, sonst klingt der Akkord „unklar" oder „brummig".
Die Low Interval Limits sind für alle Instrumente und Gesangstimmen gültig.

Eine große Septe (maj7) eines Akkordes darf nicht tiefer liegen als

Eine kleine Septe (7) eines Akkordes darf nicht tiefer liegen als

Eine große Sexte (13) eines Akkordes darf nicht tiefer liegen als

Eine kleine Sexte (♭13) eines Akkordes darf nicht tiefer liegen als

Eine reine Quinte eines Akkordes darf nicht tiefer liegen als

Eine große Terz eines Akkordes darf nicht tiefer liegen als

Eine kleine Terz (Mollterz) eines Akkordes darf nicht tiefer liegen als

Eine große Sekunde (9) eines Akkordes darf nicht tiefer liegen als

Eine kleine Sekunde (♭9) eines Akkordes darf nicht tiefer liegen als

Eine übermäßige Quarte (#11) eines Akkordes darf nicht tiefer liegen als

Ausnahme:
Eine übermäßige Quarte (#11) eines Akkordes darf im Dominant-Septakkord beliebig tief liegen.

Eine verminderte Quinte (♭5) eines Akkordes darf nicht
tiefer liegen als

Ausnahme:
Eine verminderte Quinte (♭5) eines Akkordes darf im Dominant-Septakkord beliebig tief liegen.

Eine reine Quarte (11) eines Akkordes darf nicht tiefer
liegen als

Ausnahme:
Eine reine Quarte (11) eines Akkordes darf im Dominant-Septakkord beliebig tief liegen.

Beispiel: Ein F7-Akkord hat als kleine Septe den Ton es. Die Lage, bzw. die Struktur des Akkordes (Voicing) könnte also sein:

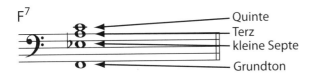

Die kleine Septe ist also noch innerhalb des Low Interval Limits und daher erlaubt.

Ein D7-Akkord hat als kleine Septe den Ton c. Soll nun das gleiche Voicing, wie im vorigen F7-Akkord verwendet werden, wäre in dieser Lage die kleine Septe zu tief. Die kleine Septe in dieser Lage klingt nicht gut.

Die einfachste Lösung für dieses Problem ist, den Akkord in der nächsten Umkehrung zu notieren.

Aus klanglichen Gründen kann bei diesem Voicing die Quinte auch weggelassen und die None hinzugefügt werden.

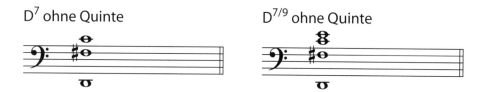

Liegen unterster Ton und die restlichen Oberstimmen weit auseinander, so ist eine Toleranz von einem Ganzton für den Low-Interval-Ton nach unten hin möglich.

Beispiel: Beim folgenden A♭7/13-Akkord liegen der unterste Ton (Quinte) und der nächst folgende Ton (13) im Abstand einer None. Daher klingt die Quinte immer noch klar und deutlich.

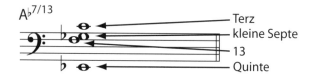

Im folgenden A♭7-Akkord liegt die Terz unterhalb des Low Interval Limits.
Daher klingt er „brummig".

Die Terz wird nach oben gelegt und der Akkord klingt transparent.

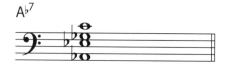

66. Voicings

Wie wir bereits gesehen haben, ist das *Voicing* (Struktur) eines Akkordes ein wichtiger Faktor für seine Klangqualität. Die folgenden Voicings sind universell für alle Instrumente und Gesangsstimmen zu verwenden. Lediglich der Tonumfang der Instrumente bzw. Gesangsstimmen kann die Anwendung einschränken. Die Voicings können gegebenenfalls nach oben *oktaviert* (eine Oktave höher gespielt) werden.

Bei den folgenden Voicings liegt der Grundton im Bass. Stehen nur zwei Intrumenten-Stimmen zur Bildung eines Akkordes zur Verfügung, ergeben die zweistimmigen Voicing mit dem zusätzlichen Grundton im Bass einen dreistimmigen Akkord.

Der wichtigste Ton eines Akkordes ist die Terz. Sie bestimmt das Tongeschlecht (Dur oder Moll). Ob als nächster Ton die Quinte oder die Septe verwendet wird, hängt von der Stilistik der Musik ab. Im Jazz würde man eher zur Septe tendieren, in der Pop-Musik kann diese schon eine zu starke Färbung des Akkordes ergeben.

Die ♭5 im Moll7/♭5 bzw. im verminderten Akkord und die ♯5 im übermäßigen Akkord haben eine maßgebliche Funktion und können immer als zweiter Akkordton verwendet werden.
In den folgenden Beispielen sind unter dem Notensystem jeweils die Funktionen der Töne im Akkord von oben nach unten angegeben.

67. Zweistimmige Voicings

Zweistimmige Voicings in II-V-I-Kadenzen (mit Grundton im Bass)

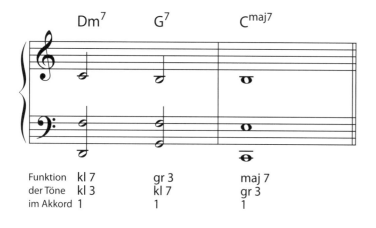
 29.1

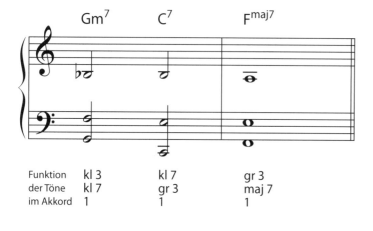
 29.2 0:10

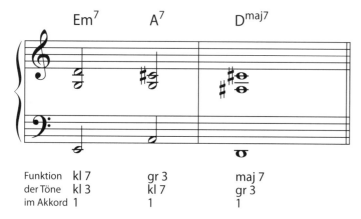
 29.3 0:21

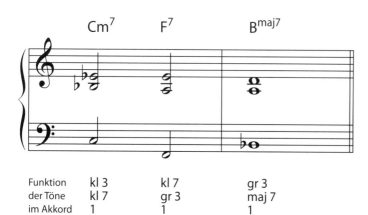
 29.4 0:31

In der folgenden II-V-I-Kadenz (Moll-Kadenz) hat der Dominantakkord an Stelle der Terz den Optionston ♭9. Die ♭9 (des) leitet zur Quinte (c) des folgenden Tonika-Akkordes (Fm).

30.1

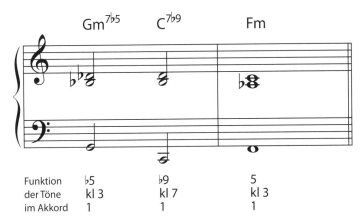

In der folgenden II-V-I-Kadenz (Moll-Kadenz) hat der IIm7/♭5-Akkord an Stelle der kleinen Terz die kleine Septe d. Diese leitet zur Terz cis von A7.

30.2 0:10

Zweistimmige Voicings in 1625-Kadenzen

31.1

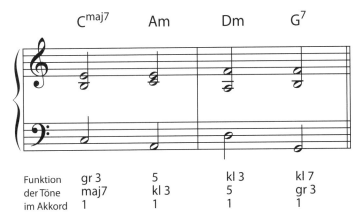

Aus Stimmführungsgründen stehen im folgenden Beispiel der Am7- und der G7-Akkord ohne Terz.

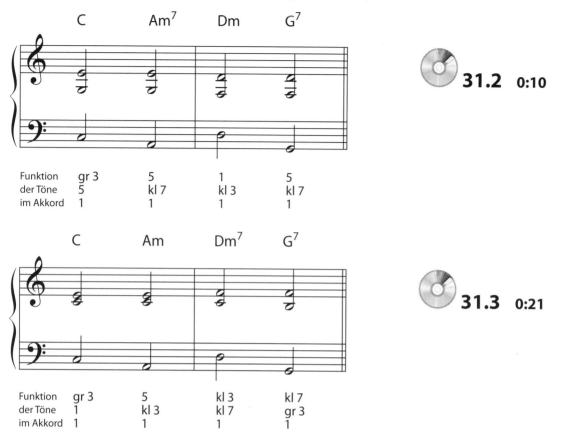

Zweistimmige Voicings im Songbeispiel

68. Dreistimmige Voicings

Dreistimmige Voicings in 1625-Kadenzen

Die folgenden Voicings eignen sich auch bestens für die Akkordbegleitung der linken Hand am Klavier oder einen Bläser-Satz (Verteilung der Akkordtöne auf mehrere Blasinstrumente).
Der Akkord Cadd9 im folgenden Beispiel ist ein Dur-Major7-Akkord, bei dem die große Septe durch die große None ersetzt wird.

Dreistimmige Voicings im Song-Beispiel Blues

Der folgende Blues verwendet im 8. Takt einen Dominantseptakkord auf der VI. Stufe der C-Tonika-Tonleiter. Der Akkord ist eine Zwischendominante zum folgenden Dm-Akkord. In den Schlusstakten 11 und 12 kommt eine 1625-Kadenz zum Einsatz, wobei der A7/#9-Akkord auch wieder als Zwischendominante zum folgenden Dm-Akkord gedeutet werden kann.

69. Vierstimmige Voicings

Bei den folgenden *maj7-Akkorden* liegt die maj7 direkt unter dem Grundton. Dieser Tonabstand einer kleinen Sekunde bringt eine besonders dichte Klangfärbung des Akkordes.
Der Tonabstand der kleinen Sekunde sollte im Akkord nur in die Mitte oder in den unteren Bereich des Akkordes gelegt werden aber nicht nach oben.

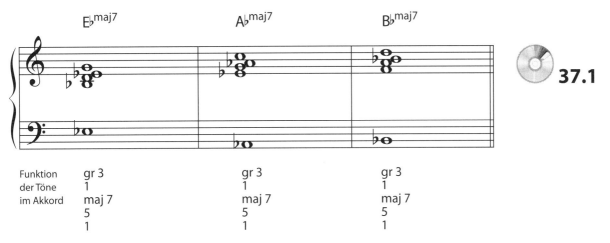

Funktion der Töne im Akkord			
	gr 3	gr 3	gr 3
	1	1	1
	maj 7	maj 7	maj 7
	5	5	5
	1	1	1

Die folgenden *m7/9-Akkorde* haben exakt die Struktur der vorangegangenen maj7-Voicings. Durch den neuen Baßton haben ihre Akkordtöne jetzt aber andere Funktionen und es entstehen m7/9-Akkorde.

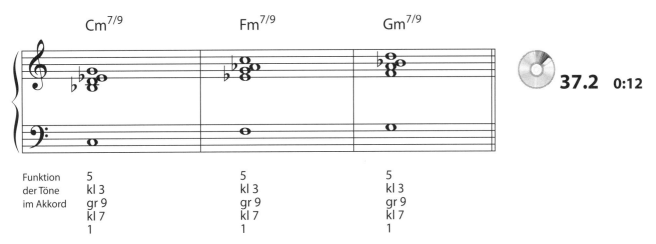

Funktion der Töne im Akkord			
	5	5	5
	kl 3	kl 3	kl 3
	gr 9	gr 9	gr 9
	kl 7	kl 7	kl 7
	1	1	1

Bei den folgenden *7/9/13-Akkorden* ist die Quinte durch die Sexte (13) ersetzt. So ergibt sich wieder der klangfärbende Tonabstand einer kleinen Sekunde im Akkord.

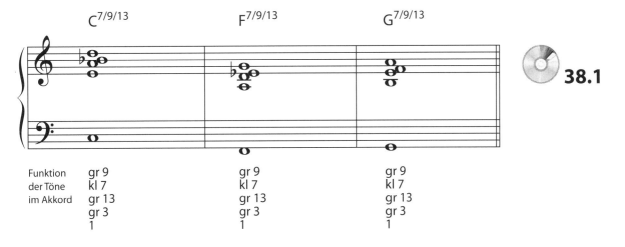

Funktion der Töne im Akkord			
	gr 9	gr 9	gr 9
	kl 7	kl 7	kl 7
	gr 13	gr 13	gr 13
	gr 3	gr 3	gr 3
	1	1	1

Beim *7#9-Akkord* ist es wichtig, dass sowohl die große Terz als auch die #9 im Voicing erscheinen.
Liegt die Terz unten, erhält der #9-Akkord seine typische Klangfarbe.

38.2 0:12

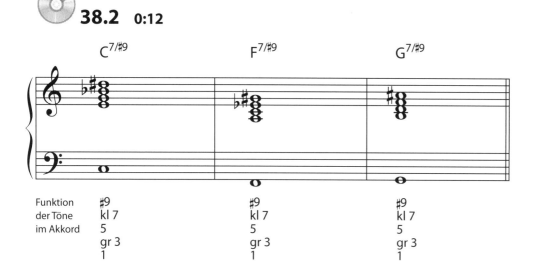

Der *alterierte Akkord* hat vier Optionstöne: b9, #9, #11 und b13. Daher kann das vierstimmige Voicing des alterierten Akkordes unterschiedliche Optionstöne aufweisen. Beispiele:

39

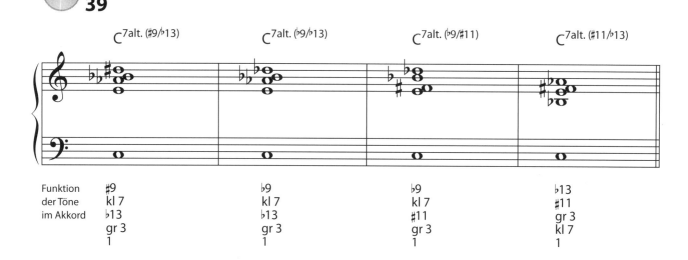

Vierstimmiger 1625-Turnaround mit alterierten Akkorden

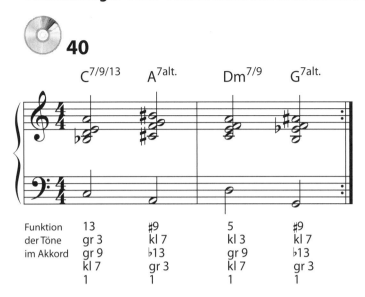

70. Cluster

Das *Cluster* ist eine Sonderform der Voicings, bei dem die Tonabstände der einzelnen Stimmen im Sekund/Terzabstand eng zusammen liegen. Die Töne bilden sogenannte „Tontrauben".

Beispiele:

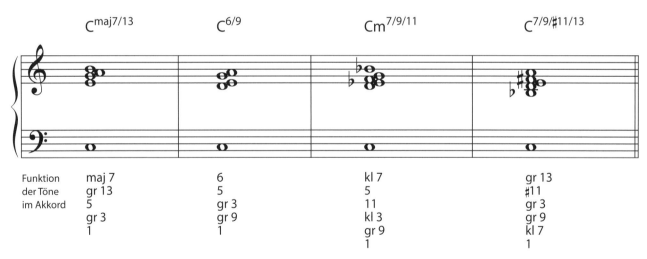

71. Terzverwandte Dreiklänge

Dreiklänge, deren Grundtöne im Abstand einer Terz stehen sind terzverwandt. Die klassische Harmonielehre spricht hier von **Mediantik**.

Liegt der Grundton des *terzverwandten* Akkordes (leitereigen) über dem Grundton eines Dur-Tonika-Akkordes, ergibt sich der (Moll-) **Gegenklang** der Dur-Tonika (Tg). Dieser Gegenklang hat in der Stufenharmonik die Funktion IIIm.

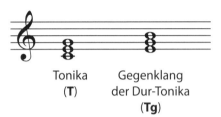

Liegt der Grundton des terzverwandten Akkordes (leitereigen) unter dem Grundton des Dur-Tonika-Akkordes ergibt sich die parallele Mollakkord der Dur-Tonika (Tp). Er hat in der Stufenharmonik die Funktion VIm.

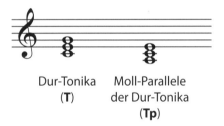

Ist der Tonika-Akkord ein Moll-Akkord (Im), ergibt sich für den (leitereigenen) terzverwandten Akkord über dem Grundton der parallele Dur-Akkord der Moll-Tonika (tP).

Ist der Tonika-Akkord ein Moll-Akkord (Im), ergibt sich für den (leitereigenen) terzverwandten Akkord unter dem Grundton der Dur-Gegenklang zur Moll-Tonika (tG).

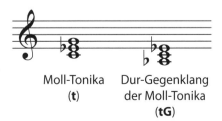

Weitere Terzverwandschaften ergeben sich, wenn man die Terz des Tonika-Akkordes als gemeinsamen Ton der neu zu bildenden Akkorde annimmt und entsprechende Dur-Akkorde bildet. Bildet man auf der Dur-Tonika-Terz nach oben hin einen neuen Dur-Akkord, erhält man den Dur-Gegenklang zur Dur-Tonika (TG).

Nimmt man die große Terz der Tonika als Quinte des neuen terzverwandten Dur-Akkordes erhält man den parallelen Dur-Akkord zur Dur-Tonika (TP).
Dieser Dur-Akkord wird auch als Zwischendominante zur Subdominant-Parallele verwendet; in Pop/Rock/Jazz entsprechend als Zwischendominante zum IIm-Akkord.

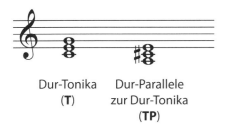

72. Vertretungsakkorde

Ein Vertretungsakkord ersetzt einen ursprünglichen Akkord. Beide Akkorde sind miteinander verwandt.
Die *terzverwandten Akkorde* bieten eine erste Alternative zur Vertretung.

Beispiel 1: Imaj7 wird durch IIIm7 vertreten (für I. Stufe = C)

Ein Cmaj7-Akkord hat die Akkordtöne c, e, g, h.
Ein Em-Akkord hat als Grunddreiklang ebenfalls die Akkordtöne e, g, h. Man kann daher den Em-Dreiklang als Vertretung für Cmaj7 verwenden.

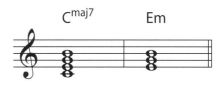

Weiterhin lässt sich Em um seine Septe d, die ja auch gleichzeitig die None von Cmaj7 ist, erweitern.

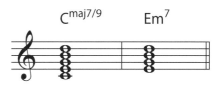

Das folgende Notenbild zeigt nur dreistimmige Grund-Akkorde; ein häufig angewandtes Stilmittel in der Pop- und Rockmusik.

Original-Akkordfolge:

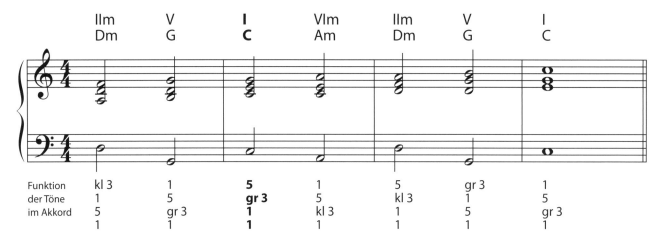

Akkordfolge mit Vertretungsakkord IIIm:

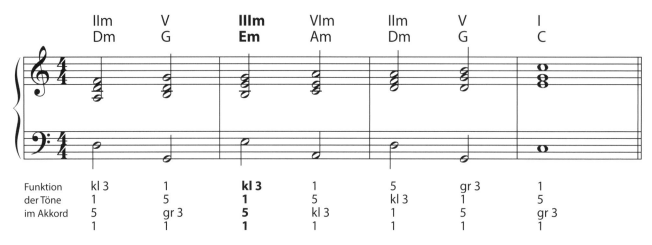

Die gleiche Akkordfolge mit Vertretungsakkord IIIm bei Hinzunahme der Septen in allen Akkorden. Aus Gründen der Stimmführung ist beim V7-Akkord (G7) noch die None hinzugefügt (G7/9).

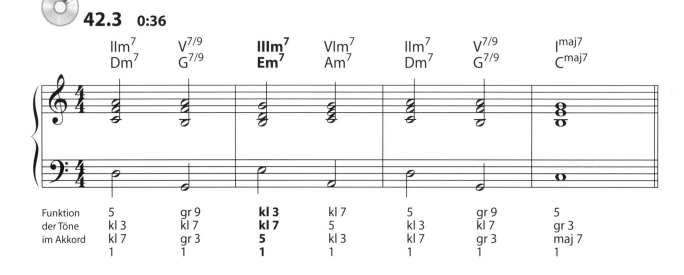

Beispiel 2: I wird durch VIm7 vertreten (für I. Stufe = C)

Bei einem Moll7-Akkord, der auf der VI. Stufe der Dur-Tonleiter aufgebaut ist (VIm), entspricht der Grundton des Dur-Akkordes (c) der kleinen Terz des Moll-Akkordes. Weiterhin ist die große Terz des Dur-Akkordes (e) gleich der Quinte des Moll-Akkordes und die Quintes des Dur-Akkordes (g) ist gleich der kleinen Septe des Moll-Akkordes.

Original-Akkordfolge:

 43.1

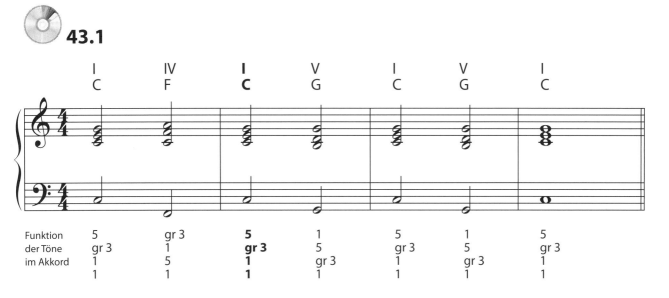

Akkordfolge mit Vertretungsakkord VIm:

 43.2 0:17

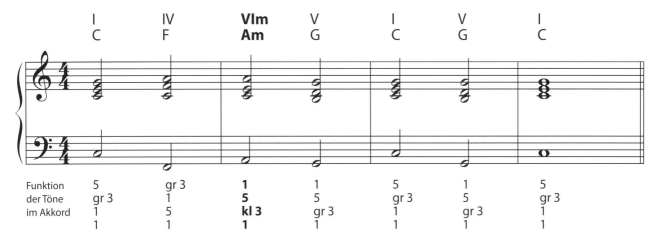

Akkordfolge mit Vertretungsakkord VIm bei Hinzunahme der Septen in allen Akkorden.

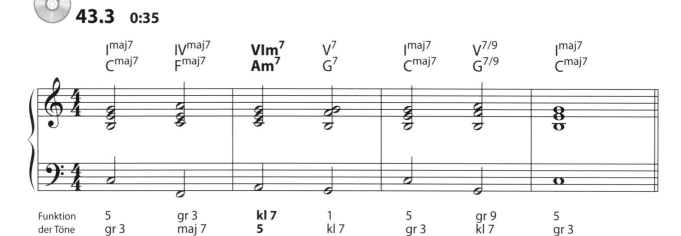

Beispiel 3: V7 wird durch ♭II7 vertreten

Die Akkordvertretung geschieht durch eine sogenannte *Tritonus-Substitution*.

Ein *Tritonus* ist der Tonabstand einer übermäßigen Quarte bzw. einer verminderten Quinte und entspricht 3 Ganztonschritten. Der Tritonus halbiert die Oktave, weshalb bei der Übereinanderschichtung von Tritonus-Intervallen immer die gleichen Töne erscheinen. Im Dominantsept-Akkkord bilden die beiden wichtigsten Töne (Terz und Septe) das Intervall eines Tritonus.

Beispielsweise ist beim G7-Akkord der Abstand von der Terz h zur Septe f ein Tritonus. Zusammen mit dem Grundton g ergibt sich ein aussagekräftiger Dominantsept-Akkord, denn die Quinte d spielt für das Spannungsverhältnis bzw. die Klangfarbe des Akkordes nur eine geringe Rolle. Geht man vom Grundton g einen Tritonus auf- oder abwärts, gelangt man zu des.

Jetzt werden die Terz des G7-Akkords zur kleinen Septe und die kleine Septe des G7-Akkords zur Terz von D♭7 umgedeutet. (Die kleine Septe ces in D♭7 entspricht enharmonisch verwechselt der großen Terz h in G7.)

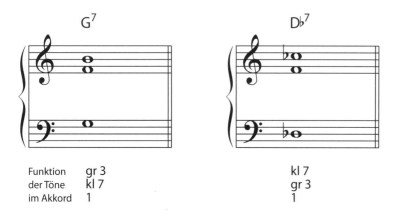

D♭7 steht auf der Stufe ♭II der Tonika C. Entsprechend lautet die Skala Mixo#11 (siehe Skalentabelle), also heißt hier der ♭II-Akkord mit seinen Optionen D♭7/#11/13. Dem entsprechend könnte man in umgekehrter Richtung G7alt als Vertretungsakkord für D♭7/#11 verwenden.

Durch enharmonische Verwechslung einiger Leitertöne ergibt sich für beide Akkorde das gleiche Tonmaterial.

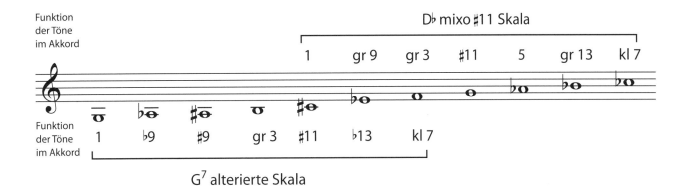

Original-Akkordfolge:

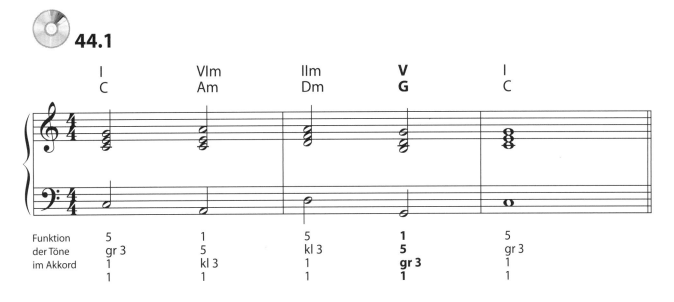

Akkordfolge mit Vertretungsakkord ♭II:

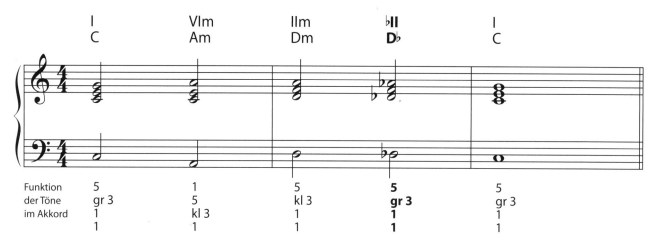

Akkordfolge mit Vertretungsakkord ♭II bei Hinzunahme der Septen in allen Akkorden.

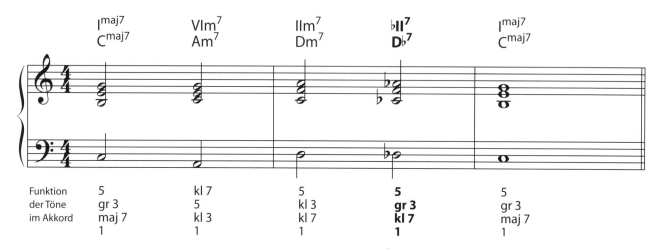

73. Der neapolitanische Sextakkord

Der *neapolitanische Sextakkord* stammt aus der neapolitanischen Opernschule des 17. Jahrhunderts. Er wird im Allgemeinen einfach nur als *Neapolitaner* (abgekürzt: **Np**) bezeichnet.
In einer Moll-Kadenz (Im-IVm-V7-Im) wird der Subdominante (IVm) eine kleine Sexte hinzugefügt. In der klassischen Harmonielehre wird dabei wegen der starken Halbtonreibung zwischen Quinte und kleiner Sexte auf die Quinte verzichtet. So entsteht ein Terz-Sextakkord mit kleiner Sexte: der neapolitanische Sextakkord.

In der klassischen Harmonielehre erfolgt die Auflösung zur Dominante immer mit einem verminderten Terzschritt von der kleinen Sexte der Subdominante hin zur Terz der Dominante. (Im folgenden Beispiel von des nach h.)

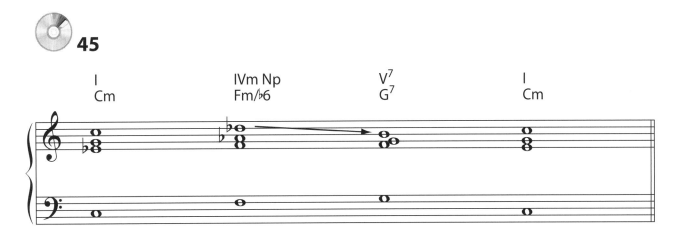

Deutet man die Tonfolge des neapolitanischen Sextakkordes als eine 1. Akkord-Umkehrung, ergibt die Grundstellung einen Dur-Dreiklang.

Diese Umkehrung des Neapolitaners mit unten liegender kleiner Sexte nennt man *verselbstständigter Neapolitaner*.

Fügt man dem verselbstständigten Neapolitaner die weggelassene Quinte wieder zu, erhält man einen Maj7-Akkord in der Funktion ♭IImaj7. Der ♭IImaj7-Akkord ist also ein Neapolitaner mit Sexte im Bass.

In einer Kadenz kann der ♭IImaj7 über eine alterierte Dominante (V7alt) zur Tonika geführt werden.

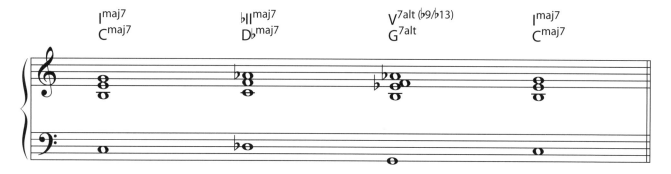

Im Laufe der Zeit hat sich der Neapolitaner mit kleiner Sexte im Bass verselbstständigt. Daher kann seine Auflösung hin zum Tonika-Akkord auch auf direktem Weg erfolgen.

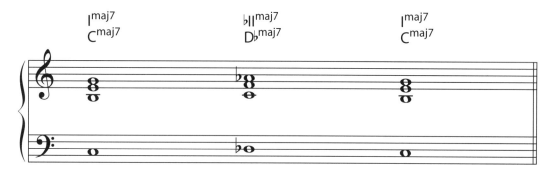

Die Skala des ♭IImaj7-Akkordes ist lydisch. Die lydische Quarte (#11) ergibt mit der Quinte der ionischen Tonika-Skala einen gemeinsamen Ton mehr.

74. Rückung und Modulation

Bei einer *Rückung* oder *Modulation* wechselt das Tonzentrum eines Musikstückes. Es entsteht eine neue Tonika und somit ein Wechsel in eine neue Tonart.

Bei der *Modulation* wird dieser Tonartwechsel durch entsprechende Akkorde vorbereitet. Geschieht ein Tonartwechsel ohne vorbereitende Akkorde, spricht man von einer *Rückung*.

Die Rückung ist im Bereich der Popmusik ein sehr beliebtes Stilmittel zur Steigerung der musikalischen Wirkung eines Stückes, z. B. wird hier oft der letzte Teil (Refrain) einen Halbton- oder Ganztonschritt höher wiederholt.

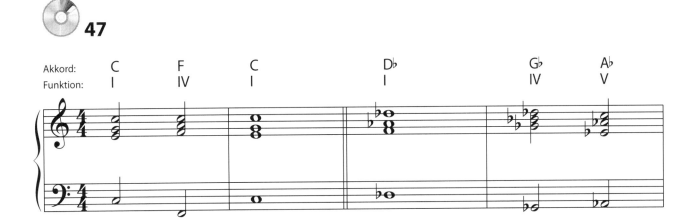

75. Rückung musikalischer Abschnitte

Im Bereich der Popmusik findet man die Technik der Rückung ganzer musikalischer Abschnitte in die **Dominant-Tonart** besonders in Musikstilen wie Volksmusik und Country Music. Es handelt sich dann meist um einen Mittelteil oder B-Teil.

Auch im Ragtime, einem Klavierstil des Jazz zum Ende des 19. Jahrhunderts, kennt man die Rückung eines kompletten musikalischen Abschnittes. Hier geschieht die Rückung meist in die **Subdominant-Tonart** und wird auch als „Trio" bezeichnet. In der Regel wird das Musikstück nach dem gerückten Abschnitt wieder in der Ursprungstonart fortgeführt.

Beispiel: Steht ein Stück zu Beginn in C-Dur (A-Teil), so steht der B-Teil in der Dominant-Tonart G-Dur. Nach dem B-Teil wird das Stück wieder in die Ausgangstonart C-Dur zurückgeführt.

Schematischer Ablauf einer Rückung in die Dominant-Tonart (Beispiel):

🔘 48

A-Teil
Funktion

I	I	V^7	V^7
// C	/ C	/ G^7	/ G^7 /

V^7	V^7	I	I
/ G^7	/ G^7	/ C	/ C /

I	I	IV	IV
/ C	/ C	/ F	/ F /

V^7	V^7	I	I
/ G^7	/ G^7	/ C	/ C //

B-Teil

I	I	V^7	V^7
/ G	/ G	/ D^7	/ D^7 /

V^7	V^7	I	I^7
/ D^7	/ D^7	/ G	/ G^7 /

→ wird umgedeutet zu V^7 und führt zurück zur C-Dur-Tonika

A-Teil

I	I	V^7	V^7	usw.
// C	/ C	/ G^7	/ G^7 /	

76. Die Kurz-Modulation in der Popmusik

Bei einer Modulation ist die Anzahl der verwendeten Akkorde sowohl von der Lage der neuen Tonart als auch von der Stilistik des Musikstückes abhängig. Bei einem einfach strukturierten Popsong könnte eine zu umfangreiche Modulation „überladen" wirken.

Die bereits erwähnte Rückung aus dem Bereich der Popmusik wird durch das Voranstellen einer Dominante zur Modulation.
Der Dominantakkord ist der Modulationsakkord zur neuen Tonart. Dieser Weg ist die kürzeste Form einer Modulation und in Pop und Rock häufig anzutreffen.

Modulation von C-Dur nach D-Dur über einen Dominantsept-Akkord (V7):

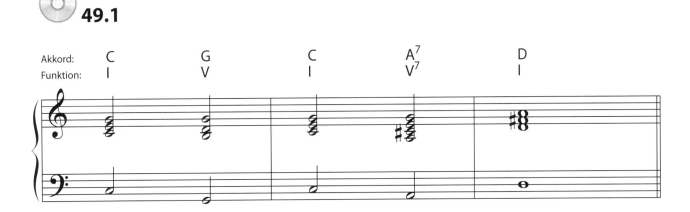

Wird dem Dominantsept-Akkord ein Moll-Akkord auf der II. Stufe vorangestellt, ergibt sich eine II-V-I-Kadenz in der neuen Tonart.

Bei einer Modulation mit II-V-Verbindung muss nicht unbedingt die I. Stufe folgen. Es können auch weitere II-V-Verbindungen nachfolgen um dann die Zieltonart zu erreichen.

Beispiel: Modulation von C-Dur nach F-Dur.

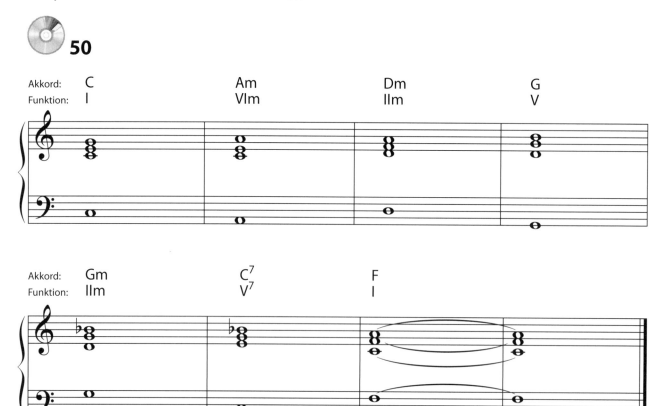

77. Die Modulation mit II-V-Ketten

Die Aneinanderreihung mehrerer II-V-Verbindungen ist ein beliebtes Stilmittel der Jazz-Harmonik. Diese Aneinanderreihung nennt man auch „II-V-Kette". Die II-V-Ketten unterliegen einem bestimmten Muster, das aber von unterschiedlicher Struktur sein kann.
Bei der folgenden II-V-Kette wird der V7-Akkord jeweils zum IIm-Akkord verändert.

Bei der folgenden Modulation bewegen sich die II-V-Verbindungen in Ganztonschritten abwärts. Auf diese Weise wirkt der Dominantseptakkord zum anschließenden IIm-Akkord wie V zu I.

78. Die II-V-Modulation von Dur nach Moll

Bei Modulationen von Dur nach Moll mit Hilfe einer II-V-Verbindung führt die Kadenz über die Akkord-Funktionen IIm7/♭5-V7/♭9 zum Im-Akkord. Im folgenden Beispiel gibt die erste II-V-Verbindung noch keine Auskunft über das Tongeschlecht der Zieltonart.
Erst die folgende II-V-Verbindung mit ♭5 im Mollakkord und ♭9 im Dominantseptakkord zeigt die Moll-Tonalität.

 53.1

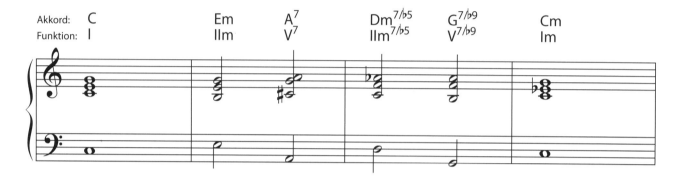

79. Die II-V-Modulation von Moll nach Dur

Die folgende Modulation von Moll nach Dur befindet sich in der IIm/♭5-V7/♭9-Verbindung noch in der Moll-Tonalität. Erst die anschließende II-V-Verbindung mit „normalem" IIm7 und V7 mit großer None zeigt die Dur-Tonalität.

 **53.2** 0:18

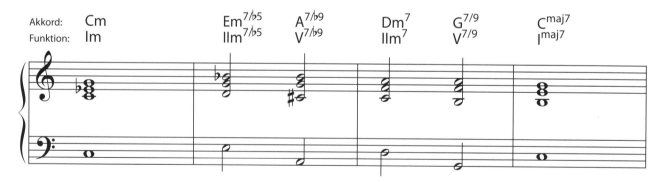

80. Die Modulation mit Doppeldominante

Bei der folgenden Modulation wird der Tonika-Akkord (maj7) zum Dominantseptakkord (I7) umgedeutet und ist V7-Akkord zum folgenden Dominantakkord. Dann folgt die Tonika. Wir haben also die Abfolge Dominante – Dominante – Tonika. Die umgedeutete Ausgangs-Tonika wird zur Doppeldominante.

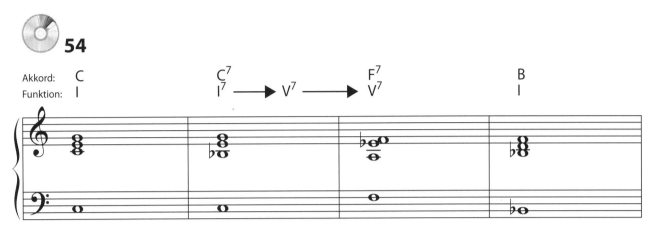

81. Die diatonische Modulation

Die diatonische Modulation verwendet einen Akkord, der sowohl der Ausgangs- als auch der Zieltonart leitereigen ist. Der Akkord erhält durch Umdeutung seine Funktion in der Zieltonart.
Im folgenden Beispiel ist Am die VI. Stufe der Tonika C-Dur. Gleichzeitig ist Am auch die IV. Stufe der Tonika Em. Durch die Umdeutung der Funktion von Am wird die neue Tonart mit der Akkordfolge IVm-V7-Im erreicht.

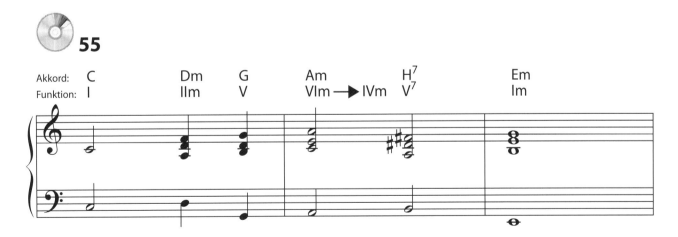

82. Die Modulation mit alteriertem Dominantsept-Akkord

Die Modulation mit alteriertem Dominantsept-Akkord erlaubt einen beliebigen Tongeschlechtswechsel von Dur nach Moll und umgekehrt.
Eine II-V-Verbindung kann sowohl zur Dur- als auch zur Molltonika hin aufgelöst werden.

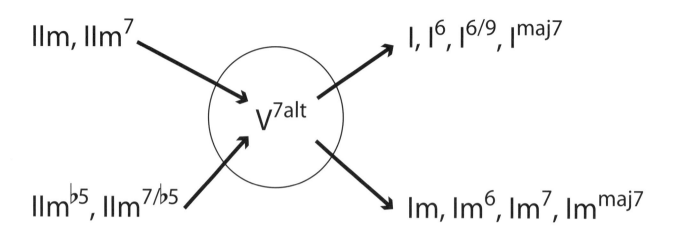

Das Voicing eines alterierten Dominantsept-Akkordes muss nicht unbedingt alle, sollte aber mindestens zwei charakteristische Optionstöne enthalten.

Beispiele:

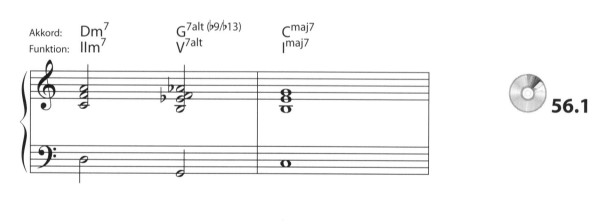

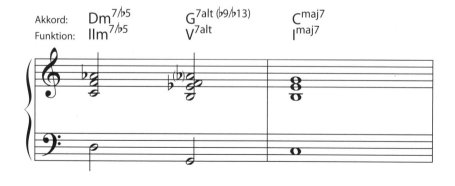

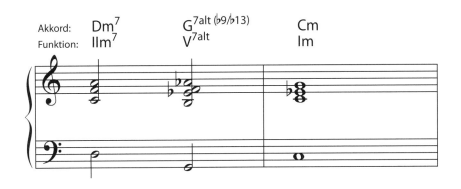  56.3 0:23

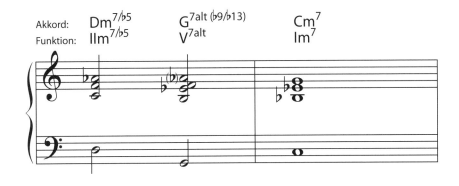  56.4 0:35

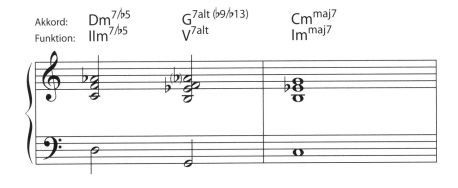  56.5 0:47

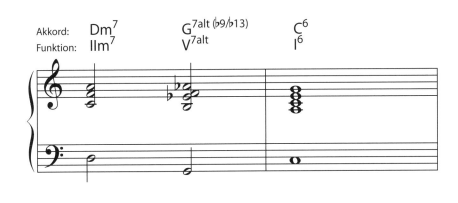  56.6 0:59

 **56.7** 1:12

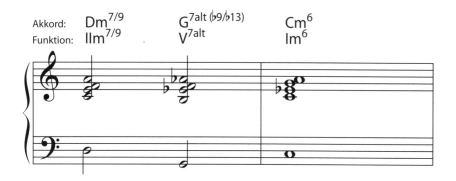

 **56.8** 1:23

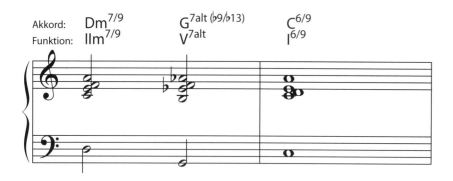

83. Die Dominant-Ketten

Dominant-Ketten sind ein typisches Stilmittel aus den Epochen von Dixieland- und Swing Jazz. Im Mittelteil, der sogenannten „Bridge", werden hier die Dominantseptakkorde in vier 2-taktigen Perioden aneinander gereiht.

Bezieht man die Dominantkette auf die Ausgangs-Tonika, so stehen die Dominantseptakkorde auf den Stufen III-VI-II-V.

Die ersten drei Dominantseptakkorde sind demnach Sekundärdominanten, denn sie führen nicht auf direktem Weg zur Tonika.

Der letzte Dominantseptakkord ist eine Primärdominante und führt direkt zur Tonika. Die Gestaltung einer Melodie in der Bridge verläuft prinzipiell immer gleich.
Die Melodie, bzw. ihre motivische Verarbeitung zeigt, dass sich die Bridge in 2 x vier Takte unterteilt. Die ersten vier Takte der Bridge teilen sich nochmals in eine motivische (melodische) Frage und eine motivische Antwort von je zwei Takten. Die folgenden vier Takte verfahren genauso, nur einen Ton tiefer oder höher gerückt. Man spricht hier von *Sequenzierung*.

Die melodische Analyse der Bridge lässt daher auch noch eine zweite Interpretation der Akkordfolge zu:

Takte 1–2 = V7
Takte 3–4 = I7
Takte 5–6 = V7
Takte 7–8 = I7 wird umgedeutet zu V7 des folgenden A-Teils

Die gesamte Akkordfolge (32 Takte) dieses Beispiels nennt man auch *Rhythm-Changes*, nach dem Stück „I got Rhythm" von *George Gershwin*.

Der Begriff „Rhythm-Changes" hat in der Akkordfolge funktional eine ebenso universelle Bedeutung wie das „Blues-Schema".

Rhythm-Changes (Beispiel):

A-Teil

| Funktion | | I | VIm | IIm | V⁷ | I | VIm | IIm | V⁷ |
| Akkorde | //: | F | Dm / | Gm | C⁷ / | F | Dm / | Gm | C⁷ / |

| Funktion | | I | VIm | IIm | V⁷ | I | VIm | IIm | V⁷ |
| Akkorde | / | F | Dm / | Gm | C⁷ / | F | Dm / | Gm | C⁷ :// |

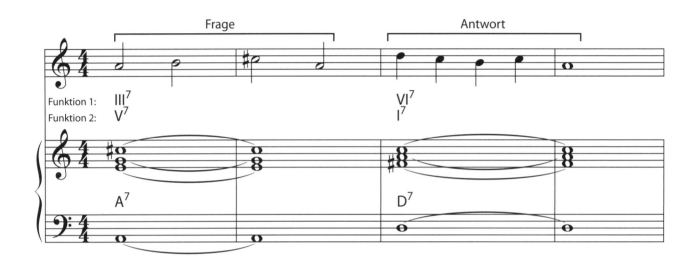

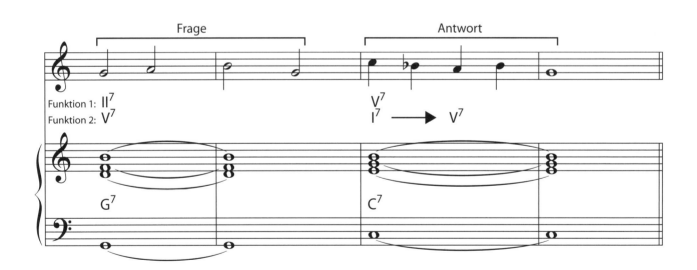

A'-Teil

| Funktion | | I | VIm | IIm | V⁷ | I | VIm | IIm | V⁷ |
| Akkorde | // | F | Dm / | Gm | G⁷ / | F | Dm / | Gm | C⁷ / |

| Funktion | | I | VIm | IIm | V⁷ | I | V | | I |
| Akkorde | / | F | Dm / | Gm | C⁷ / | F | C⁷ | / F | // |

84. Die Obertonreihe

Die *Obertonreihe* bildet das Fundament der abendländischen Tonalität und Harmonielehre. Sie begründet, warum eine Tonleiter so und nicht anders unterteilt ist, bzw. warum der Abstand von einem bis zum nächsten Ton so ist wie er ist.

Weiter gibt uns die Obertonreihe darüber Auskunft, warum ein natürlich erzeugter Ton seine Klangfarbe hat. Bei einem natürlich erzeugten Ton, z. B. beim Klang einer Gitarrensaite, klingt nicht nur der eigentliche Ton, also der Grundton, sondern es klingen auch noch eine Reihe von sogenannten *Obertönen* gleichzeitig mit. Der Grundton ist am lautesten und daher am deutlichsten zu hören. Die mitklingenden Obertöne ergeben die Klangfülle bzw. Klangfarbe.

Zur Entstehung der Tonleiter:

Teilt man eine Saite genau in der Mitte, so klingen beide Hälften mit der doppelten Schwingung. Die Schwingungen eines Tones pro Sekunde werden mit der Einheit *Hertz* (nach dem deutschen Physiker Rudolf Hertz) angegeben. Ein Ton, der doppelt so schnell schwingt wie sein Ausgangston, klingt eine Oktave höher. Man bezeichnet diesen Ton auch als 2. Teilton. Ein Drittel einer Saite erzeugt einen Ton mit dreifacher Schwingungszahl des Grundtones. Dieser Ton ist der 3. Teilton. Der 3. Teilton schwingt dreimal so schnell wie der Grundton. Es lassen sich theoretisch unendlich viele Teiltöne erzeugen. Für das abendländische Tonsystem sind aber nur die ersten 16 Teiltöne von Bedeutung. Bei der Zählung von Teiltönen wird der Grundton als 1. Teilton mitgezählt. Der 2. Teilton bildet den 1. Oberton.

Die folgende Oberton-/Teiltonreihe hat als Grundton (Gt) das große c (C).
C hat die Schwingungszahl 64 Hertz pro Sekunde. Man spricht hier auch von der *Frequenz* eines Tones.

Teilton:	1.	2.	3.	4.	5.	6.	7.	8.	9.	10.	11.	12.	13.	14.	15.	16.
Oberton:	Gt	1.	2.	3.	4.	5.	6.	7.	8.	9.	10.	11.	12.	13.	14.	15.
Frequenz (Hertz)	64	128	192	256	320	384	448	512	576	640	704	768	832	896	960	1024

Obige Grafik zeigt, dass sich bei jedem neuen Oberton die Frequenz des Grundtones dazu addiert. Die Oktavtöne haben daher immer die doppelte Frequenz des Vorherigen. Allerdings ist die Darstellung der Obertonreihe mit dem uns zur Verfügung stehenden Notensystem nur bedingt möglich. Die absoluten Tonhöhen weichen geringfügig von den notierten Tonhöhen ab.
Die einzig mathematisch reinen Intervalle sind die Oktave und die Quinte.

Schichtet man 12 Quinten einer Obertonreihe übereinander und vergleicht den höchsten Ton mit dem höchsten Ton von 7 übereinander geschichteten Oktaven, liegt der oberste Ton der Quintschichtung etwas höher. Der Unterschied beträgt etwa ein Viertel eines Halbtonschrittes. Diese Differenz heißt *pythagoreisches Komma*.

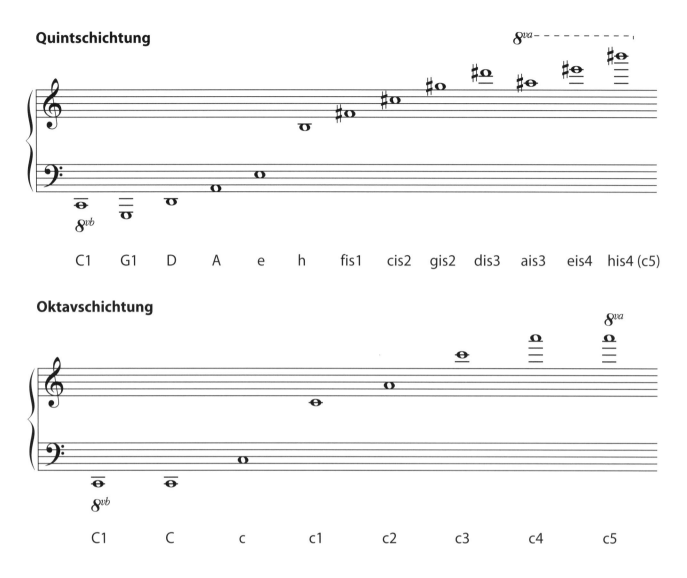

Je höher die Töne werden, desto unreiner wird ihr Verhältnis zu den reinen Oktaven.
Im Jahre 1691 führte Andreas Werckmeister die **temperierte Stimmung** ein, bei der die Oktave in 12 gleichgroße Abschnitte unterteilt wird. Die Oktave ist weiterhin rein, aber die anderen Intervalle entsprechen nicht mehr ihren reinen Ursprungsintervallen aus der Obertonreihe. Mit diesem Kompromiss ist es möglich, in allen Tonarten „gleichwertig" zu spielen.

Der Komponist Johann Sebastian Bach hat die praktische Anwendbarkeit der temperierten Stimmung mit seinem Werk *Das wohltemperierte Klavier* eindrucksvoll bewiesen. Die temperierte Stimmung ist seitdem Standard in der abendländischen Musikkultur.

85. Die Vortragszeichen

Die *Vortragszeichen* geben an, wie ein einzelner Ton, eine Tonfolge, ein Abschnitt oder ein ganzes Stück gespielt werden soll. Die meisten Bezeichnungen stammen aus der klassischen Musik und werden in italienischer Sprache angegeben.

Die *Dynamik*-Zeichen beziehen sich auf die Lautstärke eines oder mehrerer Töne.

Die folgenden Dynamikbezeichnungen stehen im Notenbild unter dem Notensystem. Sie gelten ab der Stelle, an der sie notiert sind und haben ihre Bedeutung bis zur folgenden Dynamikbezeichnung. Wenn keine weiteren Dynamikzeichen folgen, hält die Gültigkeit bis zum Schluss des Stückes.

ppp	pianissimo possibile	=	so leise wie möglich
pp	pianissimo	=	sehr leise
p	piano	=	leise
mp	mezzo piano	=	etwas lauter als piano
mf	mezzo forte	=	mittel-laut
f	forte	=	laut
ff	fortissimo	=	sehr laut
fff	fortefortissimo	=	so laut wie möglich

Die folgenden Dynamikzeichen gelten immer nur für den Bereich, unter dem sie notiert sind:
Die *Crescendo*-Zeichen markieren einen Melodieabschnitt, der gleichmäßig lauter wird.
Die Noten über dem Zeichen werden kontinuierlich lauter werdend gespielt.

58.1

Das *Crescendo*-Zeichen kann auch verbal als „cresc." mit anschließender punktierter Linie für den Notenabschnitt dargestellt werden.

58.1

133

Die **Decrescendo**-Zeichen markieren einen Melodieabschnitt, der gleichmäßig leiser wird. Die Noten über dem Zeichen werden kontinuierlich leiser werdend gespielt.

Das **Decrescendo**-Zeichen kann auch verbal als „decresc." mit anschließender punktierter Linie für den Notenabschnitt dargestellt werden.

An Stelle des Begriffs „decresc." kann auch „dim." (diminuendo) angegeben sein (nicht zu verwechseln mit „dim." für „diminished" = vermindert).

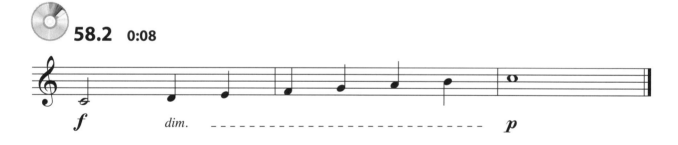

Das Crescendo-Decrescendo-Zeichen gibt an, dass eine Tonfolge kontinuierlich lauter und anschließend wieder leiser wird.

Die Akzent-Zeichen

Ein *Akzent*-Zeichen wird über einer Note notiert und gilt nur für diese. Die Note wird durch den Akzent lauter gespielt und dadurch gegenüber den nicht akzentuierten Noten besonders hervorgehoben.

Beispiel 1

Beispiel 2

Bei Aktzentzeichen mit Spitze nach oben wird die Note etwas kürzer gespielt als bei obigem Akzent.

Die abgekürzte verbale Akzentbezeichnung betrifft, ebenso wie die oben gezeigten graphischen Akzentuierungen, nur die entsprechende Note und wird unter diese gestellt.

1. *fz* forzando = Betonung der Note

2. *sf* sforzando = Betonung der Note, etwas stärker als forzando

3. *sfz* sforzando = gleiche Bedeutung wie *sf*

135

Das *Fortepiano-Zeichen*

Das Fortepiano-Zeichen besagt, dass ein Ton laut angespielt wird und anschließend leise weiterklingt. Es findet häufig bei Blasinstrumenten mit anschließendem (graphischen) Crescendo-Zeichen seine Verwendung. Für den gleichen Effekt wird gelegentlich an Stelle des Fortepiano-Zeichens auch das Sforzando-Zeichen notiert.

Zur optischen Unterstützung kann zusätzlich über der Note ein Akzent gesetzt werden.

Akzentuierung durch eine *Synkope*

Synkopen sind Betonungen auf der „leichten" Zählzeit, beispielsweise auf der „+"-Zählzeit einer Achtelnote. Die Betonung kann zum einen mit dem schon bekannten Akzentzeichen über der Note erfolgen, zum anderen bewirkt aber auch schon allein die Position der Synkope eine unwillkürliche Betonung. Dieser Effekt wird bei gleichzeitiger Verlängerung der Synkope mittels Haltebogen an die folgende Note nochmals verstärkt.

Beispiele:

Das folgende Beispiel zeigt eine Synkope auf der Zählzeit 4 im 4. Takt (in Anlehnung an Beethovens *Ode an die Freude*).

Die *Legato*-Zeichen

Legato bedeutet, dass eine Tonfolge gegebunden, fließend aneinander gespielt wird. Die Darstellung im Notenbild erfolgt in der Regel mit dem Legato-Bogen. Der Legato-Bogen wird über oder unter die Notenfolge notiert.
Ein *Legato-Bogen* steht nur für Noten von unterschiedlicher Tonhöhe.
Ein Bogen, der zwei Noten auf gleicher Tonhöhe verbindet, ist ein **Haltebogen** (vgl. Kapitel 14).

Das Legato-Zeichen kann auch verbal als „legato" mit einer anschließenden punktierten Linie für den Notenabschnitt dargestellt werden.

137

Portato

Portato bedeutet, dass eine Note bewusst lang gespielt werden soll, im Vergleich zu Legato aber vor der nächsten Note ganz kurz abgesetzt wird. Portato wird in der Regel als waagerechter Strich über einer Note dargestellt.

Staccato

Staccato bedeutet, dass die Noten kurz gespielt werden. Die Staccato-Zeichen werden als Punkte oder Keile über oder unter die betreffenden Noten gesetzt.

Die Staccato-Keile bezeichnen das sogenannte **Staccatissimo**. Hier werden die Noten noch etwas akzentuierter, als beim normalen Staccato gespielt.

Staccato kann auch verbal als „stacc." mit einer anschließenden punktierten Linie für den Notenabschnitt dargestellt werden.

Eine weitere Möglichkeit zur Darstellung des Portatos ist die Kombination von Staccato-Punkten mit einem darüber liegenden Legatobogen.

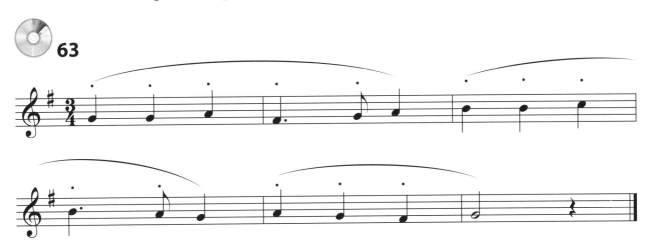

Bei der Kombination von Staccato- und Portato-Zeichen spielt die Länge der Staccato-Noten nur eine untergeordnete Rolle. Die Staccato-Noten werden in diesem Zusammenhang alle gleich lang gespielt. Das Portato-Zeichen hat hier lediglich die Funktion anzuzeigen, dass eine Note lang, aber ohne besondere Akzentuierung gespielt werden soll.

In der Praxis hat es sich bewährt, die Staccato- und Portato-Zeichen alle über die Noten zu setzen. Auf diese Weise wird die Phrasierung besser überschaubar.

Die *Vorschlagnoten*

Eine Vorschlagnote wird im Bereich Pop/Rock/Jazz vor der Zählzeit der Hauptnote gespielt. Sie wird als kleine, durchgestrichene Note dargestellt. Die Vorschlagnote wird im Metrum nicht gezählt, sondern unmittelbar vor der Hauptnote gespielt. In der Regel ist sie dabei etwas leiser als die Hauptnote. Vorschlagnoten erreichen in einem Halbton- oder Ganztonschritt von unten nach oben ihre Zielnote. Selten wird die Zielnote von oben nach unten angesteuert.
Eine klein dargestellte Note bezeichnet man auch als *Stichnote*.

Der *Schleifer*

Ein Schleifer besteht aus zwei oder mehr Noten und wird wie mehrere Vorschlagnoten hintereinander gespielt. Schleifer werden im Metrum nicht gezählt. Sie können in Pop/Rock und Jazz den Zielton entweder diatonisch (mit leitereigenen Tönen) oder chromatisch (in Halbtonschritten) erreichen. Schleifer werden, wie einfache Vorschlagnoten, ebenfalls als Stichnoten dargestellt. Dabei können sie auch als durchgestrichene Stichnoten notiert sein. Für die praktische Ausführung spielt dies keine Rolle.

Schleifer mit diatonischer Tonfolge im Sekundabstand:

Schleifer mit diatonischer Tonfolge im Terz- bzw. Quartabstand:

Schleifer mit chromatischer Tonfolge:

Das *Arpeggio*

Beim Arpeggio werden die Töne eines Akkordes nacheinander gespielt. Der Akkord wird „gebrochen" wiedergegeben (*gebrochener Akkord*). Die Notation erfolgt entweder als senkrecht gezackte Linie neben dem Akkord oder die Töne werden in der gewünschten Reihenfolge notiert.

Das mit senkrechter „Zackenlinie" dargestellte Arpeggio beginnt auf der Zählzeit des Akkordes. Die Töne werden schnell von unten nach oben gespielt und für die Dauer des Akkord-Notenwertes ausgehalten.

Notation:

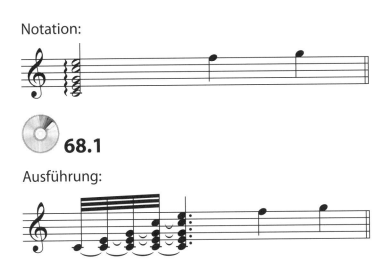

68.1

Ausführung:

Bei der Notation eines Arpeggios mit einzelnen Tönen können sowohl die Reihenfolge als auch die Notenwerte genau bestimmt werden. Im Gegensatz zum oben gezeigten Arpeggio klingen die angespielten Töne nicht ineinander, sondern werden einzeln nacheinander gespielt und klingen nur für die Dauer ihres Notenwertes.

68.2 0:07

Sollen die Töne angehalten werden, also ineinander klingen, kann dies mit einem sogenannten Pedalzeichen angegeben werden (siehe folgend).

Das *Pedalzeichen*

Das Pedalzeichen (oder einfach *Pedal*) kann nur von polyphonen Instumenten ausgeführt werden. *Polyphonie* bedeutet Mehrstimmigkeit. Das Pedal betrifft also Instrumente, die mehrere Töne gleichzeitig erzeugen können.

Das Pedalzeichen 𝄢𝄪. wird unter das Notensystem notiert. Es gibt an, dass alle folgenden Töne weiterklingen (ineinander klingen). Nach dem Pedal-Aufhebungszeichen ✻ klingen die Töne wieder in ihrer notierten Länge. Bei Arpeggios mit wechselnden Harmonien wird oft für jede Harmonie ein Pedal-Arpeggio verwendet.

Das *Glissando*

Glissando bezeichnet eine gleichmäßige, schnelle Tonbewegung in eine Richtung; also entweder Glissando aufwärts oder Glissando abwärts. Glissandos auf- und abwärts können auch unmittelbar hintereinander notiert werden.
In Pop/Rock/Jazz wird ein Glisando bei Saiteninstrumenten wie Gitarre oder Bass auch als *Slide* bezeichnet.
Ein Glissando kann von einem festgelegten oder beliebigen Ausgangston zu einem festgelegten oder beliebigen Zielton geführt werden.
Die praktische Ausführung eines Glissandos hängt in besonderem Maße vom Instrument ab.

a) Ein **Glissando ohne festgelegte Tonschritte** können bundlose Saiteninstrumente, Saiten instrumente mit Bünden bei Verwendung eines Slide-Röhrchens (Bottleneck), Zugposaunen, Kolbenflöten, stimmbare Pauken, Sythesizer und die menschliche Stimme ausführen.

b) Ein **Glissando mit festgelegten Tonschritten** ist bei Blasinstrumenten nur in geringem Maße (durch spezielle Griff- und Ansatztechniken) möglich.

c) Bei Tasteninstrumenten wird ein Glissando durch das Gleiten eines Fingers über die Tasten, vorzugsweise mit dem Daumen, erzeugt. Dabei werden entweder nur die weißen oder die schwarzen Tasten gespielt. Bei einem Glissando über die schwarzen Tasten ergibt sich ein pentatonisches Glissando. Bei Synthesizern lässt sich die Tonart über die Transpose-Funktion beliebig ändern. So kann ein Glissando auf den weißen Tasten hier immer einer Tonart angepasst werden.

d) Bei einigen Bauarten der Harfe lassen sich durch ihre Pedalfunktionen Glissandi in Dur, Moll, pentatonisch und in der Ganzton-Skala spielen.

Die Notation eines Glissandos kann auf unterschiedliche Weise erfolgen:
Glissando mit in der Tonhöhe festgelegten Start- und Zieltönen

69.1

Vollständig ausnotiertes Glissando

69.2 0:09

Die *Triller*

Die Triller gehören zu den sogenannten ***Verzierungen***.
Ein Triller umspielt eine Hauptnote im Sekundabstand. Ob es sich dabei um eine große oder kleine Sekunde handelt, bestimmt in der Regel die Tonart, in der das Stück steht. In Pop/Rock/Jazz können die Triller aber auch mit Blue Notes ausgeführt werden.
In einer fließenden Melodie wird in Pop/Rock/Jazz meist eine Abwandlung des klassischen ***Pralltrillers*** verwendet. Der Pralltriller ist ein schneller, einmaliger Wechsel von der Ursprungsnote aufwärts zur Nebenote und wieder zurück zur Ursprungsnote. Im Notenbild wird der Pralltriller durch eine kurze gezackte Wellenlinie dargestellt.
Während in der klassischen Musik der Pralltriller direkt auf der Zählzeit der Ausgangsnote beginnt, wird er bei Pop/Rock/Jazz unmittelbar vor der folgenden Melodienote ausgeführt. Die Spielweise ist „runder/breiter" als in der klassischen Ausführung.

Notation:

Klassische Ausführung:

70.1

Rock/Jazz-Ausführung:

70.2 0:10

Bei der ternären Achtel-Phrasierung beginnt der Triller mit dem 2. Triolenachtel. Die folgenden
Notenbeispiele zeigen schrittweise, wie der Triller bei der ternären Phrasierung ausgeführt wird.

Ternäre Notation ohne Triller (Melodie 1)

Ternäre Ausführung ohne Triller (Melodie 1)

71.1

Ternäre Notation mit Triller (Melodie 1)

Ternäre Ausführung mit Triller (Melodie 1)

71.2 0:07

Ternäre Notation mit Triller (Melodie 2)

Ternäre Ausführung mit Triller (Melodie 2)

Im letzten Takt des obigen Beispiels wird der Triller der Regel entsprechend mit dem (F-Dur-) Leiterton c ausgeführt (b-c-b). In der Blues-Stilistik bietet es sich aber auch an, den Triller mit der Blue Note ces zu spielen (b-ces-b). In diesem Fall wird über dem Trillerzeichen ein ♭-Zeichen notiert.

Ternäre Notation mit Blue-Note-Triller (Melodie 2)

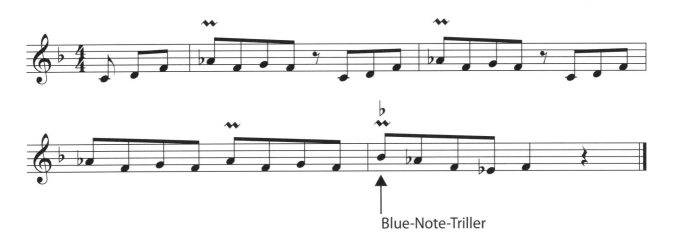

Ternäre Ausführung mit Blue-Note-Triller (Melodie 2)

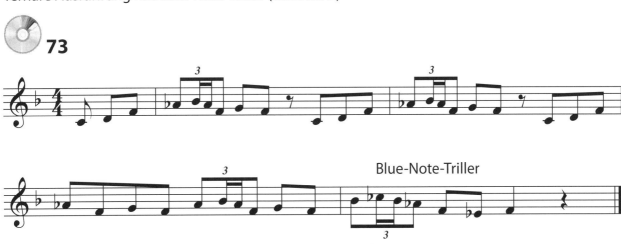

145

Der *Mordent*-Triller

Beim Mordent erfolgt der Wechsel von der Ursprungsnote abwärts zur Nebennote und wieder zurück zu Ursprungsnote. Im Notenbild erhält das Pralltriller-Zeichen zusätzlich einen senkrechten Strich.

Notation:

Klassische Ausführung:

Rock/Jazz-Ausführung:

Der (lange) Triller

Der lange Triller wechselt mehrfach zwischen der Haupt- und der Nebennote.
Die Länge des Trillers wird durch den Notenwert der Ausgangsnote festgelegt. Die Geschwindigkeit, mit der ein Triller ausgeführt wird, hängt von der Stilistik des Stückes und vom Können des ausübenden Musikers ab. Auch die Epoche, in der ein Stück komponiert wurde, kann für die Ausführung eines Trillers von Bedeutung sein. Im Notenbild wird der Triller durch die Bezeichnung *tr* und eine anschließende Wellenlinie gekennzeichnet.

Heutzutage beginnt ein Triller in der Regel mit der Hauptnote und wechselt mit der darüberliegenden leitereigenen Nebennote.

75.1

Die zuvor gezeigte Ausführung des Trillers zeigt eine Tonfolge von vier Sechzehntelnoten und einer Sechzehntel-Quintole (fünf Sechzehntelnoten an Stelle von vier Sechzehntelnoten). Die Quintole bildet mit ihrem letzten Ton c einen fließenden Übergang zur folgenden Note b.

In der Praxis kommt es darauf an, einen gleichmäßigen und fließenden Triller von der Ausgangsnote zur Zielnote zu spielen. Die Zahl der Trillertöne selbst spielt dabei eine untergeordnete Rolle. Wichtig ist die Gleichmäßigkeit und der fließende Übergang zur folgenden Hauptnote.

Soll ein Triller mit einem leiterfremden Ton ausgeführt werden, wird über dem Trillerzeichen entsprechend ein Versetzungszeichen notiert.

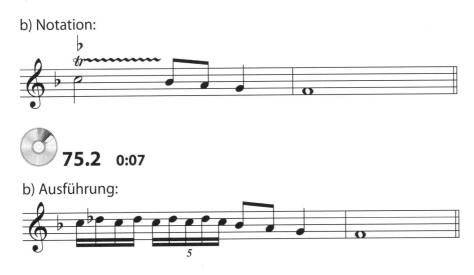

75.2 0:07

c) Notation:

 **75.3** 0:15

c) Ausführung:

Der **Doppelschlag-Triller**

Der Doppelschlag-Triller, auch einfach nur **Doppelschlag** genannt, wird durch ein „liegendes S" über der Ausgangsnote notiert. In der Ausführung wird die Melodie erst durch die obere, dann durch die untere leitereigene Nebennote umspielt.

Notation (Beispiel 1):

 76.1

Ausführung (Beispiel 1):

Notation (Beispiel 2):

 **76.2** 0:11

Ausführung (Beispiel 2):

Notation (Beispiel 3):

 **76.3** **0:22**

Ausführung (Beispiel 3):

Der *Tremolo-Triller*

Der Begriff Tremolo hat in der Musiksprache mehrere Bedeutungen. Großzügige Einbindungen in verschiedenste Bereiche der Musik haben dazu geführt, dass eine eindeutige Definition im klassischen Sinne nicht möglich ist. Die Begriffe Triller oder Tremolo werden in Pop, Rock und Jazz oft für den gleichen Sachverhalt verwendet.

Im Zusammenhang mit den Trillern bedeutet Tremolo zum einen das schnelle Wiederholen eines einzigen Tones, beispielsweise auf einer Geige oder einer Mandoline, und zum anderen das schnelle Wechselspiel zweier oder mehrerer Töne mit einem Mindestabstand von einer kleinen Terz.

Die Darstellung im Notenbild erfolgt mit drei Querbalken, die über die Note(n) gelegt werden. Die Dauer eines Tremolos wird durch die übliche Notenwert-Darstellung festgelegt. Wie beim Triller ist auch beim Tremolo die tatsächliche Anzahl der Tonwiederholungen auch vom Können des ausübenden Musikers abhängig.
Die Notation von Beispiel 1 wird ebenfalls für den Trommelwirbel bei der Schlagzeugnotation verwendet.

Tremolo auf einem Ton, Notation:

 77

Tremolo auf einem Ton, Ausführung:

Tremolo mit zwei Tönen, Notation:

 **77.2** 0:06

Tremolo mit zwei Tönen, Ausführung:

Akkord-Tremolo, z. B. bei Klavier-Boogie-Woogie:

Akkord-Tremolo, Notation für C^6:

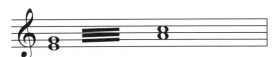

 77.3 0:12

Akkord-Tremolo, Ausführung:

Weitere Bedeutungen des Begriffes **Tremolo**:

Bei der Gitarre ist ein Tremolo eine mechanische Konstruktion am Saitenhalter, bzw. in den Saitenhalter integriert. Mit einem beweglichen Hebelarm kann die Saitenspannung vermindert oder erhöht werden. Dadurch klingt ein gespielter Ton, bzw. Akkord höher oder tiefer. Das Tremolo heißt in diesem Zusammenhang auch Vibrato. Beide Begriffe sind in der Praxis üblich, wobei *Vibrato* eigentlich „richtiger" ist.

Tremolo-Bauformen bei der E-Gitarre

Die Saiten werden mit dem Tremolo-Arm über die Saitenbefestigungsrolle entspannt bzw. gespannt.

Die komplette Saitenhalterung wird mit dem Tremolo-Arm bewegt und längt bzw. spannt auf diese Weise die Saiten.

Tremolo kann auch das schnelle An- und Abschwellen der Lautstärke bedeuten. Bei Gitarrenverstärkern ist hierfür meist ein Regler vorhanden.

Das Vibrato beim Gesang wird manchmal ebenfalls als Tremolo bezeichnet. Es entsteht durch Schwankungen der Intensität bzw. kleine, kontrollierte Schwankungen in der Tonhöhe.

Bei Saiteninstrumenten wird das Vibrato auch durch das schnelle Hin- und Her-Bewegen des Greiffingers auf dem Griffbrett erzeugt.

Blasinstrumente können ein Vibrato durch besondere Anblastechniken erzielen.

Die *Zäsur*

Die Zäsur steht für ein kurzes Innehalten bei einer Melodie. Es ist eine kleine, nicht als Notenwert dargestellte Pause, deren Länge vom ausübenden Musiker bestimmt wird. Eine Zäsur erzeugt ein Spannungsmoment, da der rhythmische Fluss geringfügig unterbrochen wird. Die Zäsur wird mit zwei kleinen Schrägstichen, die die oberste Notenlinie kreuzen, dargestellt.

Tacet

Der Begriff „Tacet" bezeichnet einen notierten Abschnitt, der aber nicht gespielt (oder gesungen) wird. Ein Tacet kann beispielsweise bei sich wiederholenden Bläser-Passagen in der Big Band notiert sein, wobei der erste Durchgang von einer Bläsergruppe (z.B. Trompeten) nicht gespielt werden soll. Der Vermerk in der Notation lautet dann „1. x Tacet".

Beispiel:

86. Die Abkürzungen der klassischen Funktionsbezeichnungen

T	Dur-Tonika
t	Moll-Tonika
T$^6_5$	Dur-Tonika mit beigefügter großer Sexte (Sixte ajoutée)
t$^6_5$	Moll-Tonika mit beigefügter großer Sexte (Sixte ajoutée)
Tp	Tonikaparallele, bezeichnet die mollparalle Tonart einer Dur-Tonika
tP	Tonikaparallele, bezeichnet die durparallele Tonart einer Moll-Tonika
TP	Tonikaparallele, bezeichnet die durparalle Tonart einer Dur-Tonika (terzverwandte Durparallele)
Tg	Tonikagegenklang, bezeichnet einen Moll-Akkord mit Tonikafunktion auf der III. Stufe einer Durtonleiter
tG	Tonikagegenklang, bezeichnet einen Dur-Akkord mit Tonikafunktion auf der $^\flat$VI. Stufe einer Molltonleiter
D	Dur-Dominante
d	Moll-Dominante
D^7	Dominantseptakkord
Ø^7	Dominantseptakkord ohne Grundton (verkürzter Dominantseptakkord)
Dp	Dominantparallele, bezeichnet den parallelen Mollakord zur Dominante
DD	Doppeldominante, bezeichnet die Dominante zur Dominante
ZwD	Zwischendominante
S	Dur-Subdominante

s	Moll-Subdominante
SS	Doppelsubdominante, bezeichnet die Subdominante zu einer Subdominante
S⁶	Subdominante mit großer Sexte aber ohne Quinte
S$^{6}_{5}$	Subdominante mit beigefügter großer Sexte (Sixte ajoutée)
Np	Moll-Subdominante mit beigefügter kleiner Sexte aber ohne Quinte (Neapolitanischer Sextakkord)
Sp	Subdominantparallele, bezeichnet die mollparallele Tonart einer Dur-Subdominante
sP	Subdominantparallele, bezeichnet die durparallele Tonart einer Moll-Subdominante

Index

Symbole

3/4-Takt 18
5-saitiger E-Bass 87
6/8-Takt 18
6-Ton Bluesleiter 83
7/9/13-Akkord 107
7/9/13-Akkorden 107
7-Ton Bluesleiter 84
8va 23
8vb 23
15ma 23
15mb 23

A

AAB 82
Achteltriole 15
Adagio 19
Aeolisch 65
aeolische Molltonleiter 51
Akkordsymbol 55
Akzent 135
al fine 25
Alla breve 18
Allegro 19
Alt 96
alterierter Akkord 108
Alt-Querflöte in G 91
Alt-Saxophon in Es 89
Altschlüssel 9
Andante 19
Arpeggio 141
Auftakt 24
Authentischer Schluss 47

B

Balken 12
Banjo (Tenorbanjo) 86
Baritonsaxophon in Es 90
Bass 97
Bass-Bariton 97
Bass (Bassgitarre) 87
Bass-Durchgänge 60
Bass-Klarinette in B 90
Bass-Orgelpunkt 61

Bassposaune 88
Bass-Querflöte 91
Bass-Schlüssel 9
binär 17
Binäre und ternäre Phrasierung 17
Blue Notes 79
Blues 79
Boogie-Woogie 85
Bpm-Angabe 19
Bratschenschlüssel 9

C

C, durchgestrichen 18
Cello (Violoncello) 94
chromatisch 30
chromatische Tonleiter 30
Cluster 109
Coda (Kopf)-Zeichen 26
Crescendo 133
C-Schlüssel 9

D

Dal Segno 25
Decrescendo 134
Diatonik 27
diatonische Akkorde 40
dissonant 67
Dominante 42
Dominant-Septakkord 56
Dominant-Tonart 120
Doppelschlag 148
Doppelschlag-Triller 148
Dorisch 64
Dreiklang 40
Dreistimmiger Akkord 40
Dreistimmige Voicings 105, 106
D.S. 25
Dur-Tonleiter 27
Dynamik 133

E

E-Bass 87
Englisch-Horn in F 92
enharmonische Verwechslung 29

F

Fagott 93
Fähnchen 12
Fermate 22
Fortepiano-Zeichen 136
Frequenz 131
F-Schlüssel 9
Funktionsharmonik 41

G

Ganzschluss 46
Ganztonschritt 27
gebrochener Akkord 141
Gegenklang 110
Gitarre 86
Glissando 142
Grundstellung 40
G-Schlüssel 8

H

Halbe Triolen 16
Halbschluss 48
Halbtonschritt 27
Haltebogen 137
Haltebogen, Verlängerung durch 22
harmonische Molltonleiter 51
Hauptdreiklänge 43
Hauptstufen 42
heptatonische Tonleiter 27
Hertz 131
Hilfslinien 8

I

Intervall 36
Ionisch 64
Ionische Skala 64
Ionisches System 64

K

Kadenzen 46
Kirchentonarten 64

Klammern 26
Klarinette in B 90
Klassische Kadenz 46
Klavier/Flügel 86
Komplementärintervalle 39
konsonant 67
Kontrabass 87

L

Larghetto 19
Largo 19
Legato 137
Legato-Bogen 137
Leitton 51
Lick 82
Lokrisch 65
Low Interval Limit 98
Lydisch 64

M

m7/9-Akkorde 107
maj7-Akkorde 107
Marimbaphon 93
Mediantik 110
melodische Molltonleiter 52
Mezzo-Sopran 96
Mixolydisch 65
MMA 52
Moderato 19
Modulation 119
Mollakkord, paralleler 43
Mordent 146

N

Neapolitaner 117
neapolitanischer Sextakkord 117
Nebendreiklänge 43
Notation 8
Notenhals 12
Notenkopf 12
Notenschlüssel 8
Notenschrift 8
Notensystem 8

157

O

Obertöne 131
Obertonreihe 131
Oboe 92
Oktave 10
oktaviert 39, 101

P

Pauken 95
Pause 20
Pedal 142
Pedalton 61
Pedalzeichen 142
Pentatonische-Moll-Tonleiter 82
Phrygisch 64
Piccoloflöte 90
Plagaler Schluss 47
Plagaler Schluss mit Moll-Subdominante 47
Polyphonie 142
Portato 138
Posaune 88
Pralltriller 143
Prestissimo 19
Presto 19
Primärdominante 54
Punktierung, Verlängerung durch 21
pythagoreisches Komma 131

Q

Quartkadenz 53
Querflöte 91
quindicesima alta 23
quindicesima bassa 23
Quintenzirkel 33
quintverwandt 42

R

Rhythm-Changes 129
Rückung 119

S

Schlagzeug (Drumset) 95
Schleifer 140
Segno 25
Sekundärdominante 54
senkrecht durchgestrichenes C 18
Sequenzierung 129
Sextakkord, neapolitanischer 117
Slide 142
Sopran 96
Sopran-Blockflöte 91
Sopraninosaxophon in Es 89
Sopransaxophon in B 89
Sopranschlüssel 9
spanische Kadenz 52
Staccatissimo 138
Staccato 138
Stammtöne 10
Stichnote 140
Streichbass (Kontrabass) 94
Stufenakkord 41
Subdominante 42
Subdominant-Tonart 120
Synkope 136

T

Tacet 153
Taktangabe 13, 14
Taktstriche 13
temperierte Stimmung 132
Tenor 96
Tenor-Blockflöte 92
Tenor-Posaune 88
Tenorsaxophon in B 89
Tenorschlüssel 9
ternär 17
Terzverwandschaft 43
terzverwandt 110
terzverwandte Akkorde 111
Tetrachorde 31
Tongeschlecht 40

Tonhöhe 10
Tonika 42
transponierende Instumente 86
Tremolo-Triller 150
Triller 143
Triole 15, 16
Tritonus 114
Tritonus-Substitution 114
Trugschluss 48
Tuba 88
Turnarounds 48

U

Umkehrung 44
unvollständiger Takt 24

V

verselbstständigter Neapolitaner 117
Vertretungsakkorde 46
Verzierungen 143
Vibraphon 93
Vibrato 152
Vierteltriole 15
Violine (Geige) 94
Violinschlüssel 8
Voicing 44, 101
Vorschlagnoten 140
Vortragszeichen 133
Vorzähl-Klick 3

W

Waldhorn in F 88

X

Xylophon 93

Z

Zäsur 153
Zweistimmige Voicings 102, 103, 104

CD-Tracklist

Track-Nr.	Seite	Track-Nr.	Seite
1	14	41	109
2	15	42	112
3	16	43	113-114
4	17	44	115-116
5	18	45	117
6	20	46	118
7	21	47	119
8	22	48	120
9	24	49	121
10	46	50	122
11	47-48	51	123
12	49	52	123
13	50	53	124
14	52	54	125
15	53	55	125
16	53	56	126-128
17	54	57	130
18	55	58	133-134
19	57-58	59	135
20	60	60	136
21	62	61	136-137
22	63	62	137
23	67	63	138-139
24	80-81	64	138
25	82	65	139
26	83	66	140
27	84	67	140
28	85	68	141-142
29	102	69	143
30	103	70	143
31	103-104	71	144
32	104	72	145
33	105	73	145
34	105	74	146
35	105	75	147
36	106	76	148
37	107	77	149-150
38	107-108	78	151
39	108		
40	109		